江苏省社科应用研究精品工程课题（项目号：24SYB-089）
江苏省高职院校教师访学研修项目（项目号：2024TDFX00

国际化绩效、区位选择与逆向技术溢出

张丽芳 著

企业管理出版社
ENTERPRISE MANAGEMENT PUBLISHING HOUSE

图书在版编目（CIP）数据

国际化绩效、区位选择与逆向技术溢出 / 张丽芳著. --北京 : 企业管理出版社, 2025.6. -- ISBN 978-7-5164-3290-7

Ⅰ . F279.247

中国国家版本馆 CIP 数据核字第 2025K53G82 号

书　　　名	国际化绩效、区位选择与逆向技术溢出
书　　　号	ISBN 978-7-5164-3290-7
作　　　者	张丽芳
策　　　划	寇俊玲
责任编辑	郑建平　寇俊玲
出版发行	企业管理出版社
经　　　销	新华书店
地　　　址	北京市海淀区紫竹院南路 17 号　　　邮　编：100048
网　　　址	http://www.emph.cn　　　电子信箱：1142937578@qq.com
电　　　话	编辑部（010）68701408　发行部（010）68701816
印　　　刷	北京亿友数字印刷有限公司
版　　　次	2025 年 6 月 第 1 版
印　　　次	2025 年 6 月 第 1 次印刷
开　　　本	710 毫米 ×1000 毫米　　1/16
印　　　张	14.75 印张
字　　　数	210 千字
定　　　价	78.00 元

版权所有　翻印必究　·　印装有误　负责调换

前　言

　　新兴市场企业国际化已经成为国际商务领域的一个新兴研究前沿，来自新兴市场的跨国企业的海外投资活动大量增加，引起了学术界与实务界的广泛关注。来自新兴市场的企业在国际化过程中并没有完全依循传统的跨国公司的国际化道路，而是在没有绝对优势的情况下采取激进的国际化扩张行为，如对发达国家企业的海外并购。

　　传统的跨国企业理论不能解释新兴市场企业国际化扩张行为，现有的关于新兴市场的理论多以传统发达国家的垄断优势理论为出发点，理论相对分散，系统性不强；有些关于新兴市场的研究也多从经济学的角度研究新兴市场的对外直接投资，从新兴市场企业的微观层面来研究的尚不多见。为了丰富现有理论，本书以新兴市场企业国际化绩效、区位选择与逆向技术溢出为研究对象，构建分析框架。本书研究新兴市场企业国际化的市场、资源与技术动因对国际化绩效的影响，将新兴市场企业国际化路径作为调节变量引入新兴市场企业国际化动因与绩效关系中，具有开创性意义；研究新兴市场企业国际化过程中国家文化距离与制度环境对其区位选择的影响；研究新兴市场企业在开展对外直接投资时如何获取积极的逆向技术溢出效应；研究中国企业在对"一带一路"共建国家的投资中如何实现逆向技术溢出效应。

　　本书内容分为9章，第1章绪论对研究涉及的关键概念进行界定，说明研究方法和资料来源，提出研究的总体思路、技术路线和可能的创新之处。第2章企业国际化理论综述，总结归纳传统的国际贸易与国际分工理论和对外直接投资理论，综述国内外学者有关企业国际化理论以及新兴市场企业国际化理论研究，为后续研究框架的建立奠定理论基础。第3章新兴市场企业国际化经营概述，包括新兴市场企业国际化发展概述、新兴市场企业国际化发展阶段以及中国企业国际化经营，为后续研究框架的设计奠定了基础。第4章以国际化进程理论为基础，运用扎根理论译码程序进行系统分析和阐述，发掘出"寻求市场""寻求技术""寻求资源""提升国际化路径""获取绩效"五个范畴以及各范畴之间的逻辑关系并提炼出了命题。第5章从资源基础观视角构建新兴市场企业国际化动因、路径与绩效的理论模型与假设并进行实证分析，将国际化路径作为调节变量引入国际化动因与企业绩效关系中。第6章探讨新兴市场企业国际化区位选择，以中国企业对外投资展开研究，实证分析国家文化距离与制度环境对区位选择的影响。第7章研究新兴市场企业对外直接投资逆向技术溢出效应分析，实证检验了OFDI[①]逆向技术溢出的行业差异和门槛效应。第8章研究中国对"一带一路"共建国家的投资，实证分析中国对"一带一路"共建国家投资时如何实现逆向技术溢出。第9章结论与启示，得出本书的研究结论，并结合新兴市场企业国际化经营的实践，提出相关对策建议。

  本书在写作过程中参阅了国内外大量的研究文献，并得到了江苏省社科应用研究精品工程课题（项目号：24SYB-089）、江苏省高职院校教师访学研修项目（项目号：2024TDFX001）的资助。导师吴先明教授带领我深入研究国际企业管理前沿领域，吴老师严谨的治学态度和宽以待人的风格一直影响着我，由衷地感谢吴老师。同时，本书的出版还得到了企业管理出版社的大力支持与帮助，在此一并表示真挚的感谢。

  由于作者水平有限，书中的某些内容与观点还有待进一步研究与改善，不足之处在所难免，希望得到相关领域专家学者的批评指正！

张丽芳
2025年2月

[①] OFDI，即Outward Foreign Direct Investment。指一个国家或地区的企业、个人或机构向外投资，即将资金、技术或管理经验等资源投资到外国以获得长期利益。

目 录
CONTENTS

第 1 章
绪　论　　　　　　　　　　　　　　　　　　　　　　1

1.1　研究背景和意义　　　　　　　　　　　　　　　　　3
1.2　新兴市场、新兴市场企业、企业国际化的概念界定及相关
　　　范畴说明　　　　　　　　　　　　　　　　　　　8
1.3　研究内容　　　　　　　　　　　　　　　　　　　11
1.4　研究方法和思路　　　　　　　　　　　　　　　　14

第 2 章
企业国际化理论综述　　　　　　　　　　　　　　　17

2.1　传统的国际分工与国际贸易理论　　　　　　　　　19
2.2　对外直接投资理论　　　　　　　　　　　　　　　21
2.3　新兴市场跨国企业理论　　　　　　　　　　　　　24
2.4　企业国际化理论新视角　　　　　　　　　　　　　33
2.5　国内学者对我国企业国际化的研究　　　　　　　　34
2.6　本章小结　　　　　　　　　　　　　　　　　　　41

第 3 章
新兴市场企业国际化经营概述　　　　　　　　　　43

3.1　新兴市场企业国际化现状　　　　　　　　　　　　45

3.2	新兴市场企业国际化发展阶段	46
3.3	新兴市场企业国际化与传统型跨国公司的比较分析	48
3.4	新兴市场企业国际化发展趋势与新特征分析	49
3.5	中国企业国际化经营	52
3.6	本章小结	62

第 4 章
新兴市场企业国际化动因、路径与绩效：对中国企业的案例研究

4.1	理论基础	65
4.2	研究设计	66
4.3	数据分析过程	73
4.4	研究发现	79
4.5	本章小结	88

第 5 章
新兴市场企业国际化动因、路径与绩效：对中国企业的实证检验

5.1	理论探讨与理论模型	91
5.2	研究假设及汇总	104
5.3	研究方法	112
5.4	数据分析方法	120
5.5	结果与讨论	121
5.6	研究结果汇总分析	136
5.7	本章小结	142

第 6 章
新兴市场企业国际化区位选择：来自中国企业的证据
143

6.1	理论背景与研究假设	146
6.2	数据和方法	148
6.3	实证结果	151
6.4	讨论与结论	155
6.5	本章小结	156

第 7 章
新兴市场企业对外直接投资逆向技术溢出效应分析
157

7.1	文献综述	159
7.2	计量模型与数据	163
7.3	实证结果与分析	168
7.4	结论及政策建议	174
7.5	本章小结	175

第 8 章
中国对"一带一路"共建国家投资分析
177

8.1	对外直接投资对技术溢出的影响分析	179
8.2	计量模型与数据	180
8.3	实证结果与分析	182
8.4	结论及政策建议	185
8.5	本章小结	186

第 9 章
结论与启示

9.1 主要研究结论	189
9.2 理论贡献	193
9.3 管理实践启示及建议	198
9.4 研究的局限及未来研究方向	202

参考文献	205
附录　中国企业国际化调查问卷	223

第 1 章 绪 论

第1章 绪 论

1.1 研究背景和意义

1.1.1 研究背景

1. 新兴市场是世界经济的主要增长点

新兴市场是由一些重要的发展中国家和地区、部分转轨国家和个别发达国家和地区组成，其一般特点是市场经济体制逐步走向完善，经济发展速度较快，市场发展潜力大，是世界经济的主要增长点。伴随着经济的快速增长，新兴市场对外直接投资的规模也获得了巨大发展。联合国贸易和发展会议发布的2024年世界投资报告显示，2023年全球对外直接投资流量1.55万亿美元，发展中经济体对外直接投资4913亿美元，占全球流量的31.7%；2022年世界投资报告显示，2021年发展中经济体对外直接投资4384亿美元，比上年增长17.8%，占全球流量的25.7%。发展中经济体外资流出量保持上升趋势，占将近三分之一的全球直接外资流出量。中国是最大的新兴市场，对外直接投资逐年上升。2023年年末，中国对外直接投资存量占全球外国直接投资流出存量的份额由2002年的0.4%提升至6.7%，排名由第25位攀升至第3位，仅次于美国和荷兰。2023年年末，中国对外直接投资存量分布在全球189个国家（地区），占全球国家（地区）总数的80.8%。2023年中国对外直接投资流量1772.9亿美元，比上年增长8.7%，为历史第三高值，占全球份额的11.4%，较上年提升0.5个百分点。

2. 新兴市场企业国际化实践所提出的挑战

相对于发达国家，新兴市场企业国际化开始的时间比较晚，面临资源短缺、市场份额低、竞争激烈、资金不足、融资困难、技术水平较低、管理体制不规范等问题，要摆脱困境必须进行产品创新、技术创新、制度创新，而走出去引进国外的先进管理经验和技术是必然选择，也可充分弥补国内资源的不足。新兴经济中涌现出一大批企业巨头，如中国的联想、海尔、吉利、比亚迪、TCL、华为，印度的塔塔（Tata）、米塔尔（Arcelor-Mittal），墨西哥的西麦斯（CEMEX）等。新兴市场企业在国际化过程中获取竞争优势并积累了国际化经验。Mathews（2006）认为后来者企业可以在国际市场上实现资源的获取，通过从事对外投资，利用外部资源联动（linkage）、杠杆利用（leverage）和学习效应（learning），撬动资源，帮助企业获取所需的技术和知识，在提升企业对技术和知识的消化吸收能力后将资源内部化，获取新的竞争优势。

伴随着经济的高速增长，近年来印度已经成为全球主要能源消费国。面对世界性能源危机的出现，印度国内能源需求现状的不断攀升，印度企业通过购买外国的石油股份（如俄罗斯的石油公司的股份）来缓解危机，能源领域的对外直接投资大量增加。印度企业为了绕开国际贸易保护的壁垒，采取对外直接投资，进入国外市场，构建全球营销网络，例如印度信息系统技术公司（Infosys）为了巩固并扩大其在澳大利亚现有的市场规模，以2290万美元投资澳大利亚的一家信息服务公司。印度企业采取对欧美等发达国家的直接投资，打破发达国家对高技术的垄断封锁，从而获得先进的设备和技术知识。

3. 新兴市场国家走出去的战略和政策的积极推动

随着经济全球化，世界各国经济相互依存、相互渗透不断加深，经济活动速度不断加快，经济联系紧密，给新兴市场企业带来了广阔的发展空间和难得的机遇。在经济全球化的背景下，新兴市场企业逐步融入世界经济中，获得了更加宽松公平的竞争环境，这有利于发挥企业优势，利用外资和进行管理与技术的创新。

中国海外投资政策的发展经历了从无到有的过程，建立了完整的政策系统。中国海外投资经历了四个阶段。

第一阶段：1979—1983年，试行阶段。此阶段特征表现在中央的大力控制和企业只能得到批准的有限数量的海外投资项目。

第二阶段：1984—1992年，这一阶段通过基础的中国对外投资管理系统，实现了中国海外直接投资管理的标准审批流程，在1984年和1985年，对外经济贸易部出台了相关文件来规范对企业海外直接投资的管理：关于在境外开办非贸易性合资经营企业的审批程序权限和原则的通知、关于在境外开办非贸易性企业的审批程序和管理办法的试行规定。

第三阶段：1993—1998年，《中国海外企业管理规定》于1993年由对外经济贸易合作部开始起草，满足海外投资持续增长的需要，从而加强对海外投资的管理。

第四阶段：1999年至今，国务院为了鼓励发展更快的纺织、轻工业、家电行业开展海外投资，发出鼓励企业在海外建立原材料加工和组装企业的公告。"鼓励能够积极发挥比较优势的对外直接投资"是党的十五大报告明确指出的内容。在党的十五大报告基础上，党的十五届二中全会又提出了要引导有实力有优势的国有企业走出去的计划。2000年，中央正式提出实施新时期的开放战略"走出去"。党的十六大于2002年11月召开，十六大报告《全面建设小康社会，开创中国特色社会主义事业新局面》强调，对外开放新阶段的重大举措是实施"走出去"战略，不再只强调引导国有企业"走出去"，而是倡导鼓励和支持各种所有制企业的对外直接投资。党的十七大于2007年10月召开，在《高举中国特色社会主义伟大旗帜，为夺取全面建设小康社会新胜利而奋斗》主题报告强调，拓展对外开放的深度和广度，建立完善的开放经济体系，既要积极引进外资，也要鼓励企业开拓国际化市场。党的十八大于2012年11月召开，《坚定不移沿着中国特色社会主义道路前进，为全面建成小康社会而奋斗》主题强调，要为中国企业走进国际市场提供政策保障，提出要全面提高开放型经济水平，建立健全社会主义市场经济

体制，实现经济发展方式的快速转变，形成以品牌、技术、服务和质量为核心的出口竞争新优势。2017 年，在党的十九大报告中提出，要以"一带一路"共建为重点，坚持"引进来"和"走出去"并重，遵循"共商共建共享"原则，加强创新能力、开放合作，形成陆海内外联动、东西双向互济。2022 年，在党的二十大报告中提出了推动建设开放型世界经济，推动高水平开放，推动"一带一路"共建高质量发展等要求。

印度于 20 世纪中后期在海外建立的比拉财团是印度最早的海外企业，在此之后，印度企业在海外投资建厂呈增长趋势。尽管如此，印度企业对外直接投资在 20 世纪 60 年代的发展速度依然比较缓慢，仍处于探索阶段，在海外投资的行业主要集中在纺织等轻工业领域，合资企业数量也并不多，地域上仅限于尼泊尔、马来西亚、肯尼亚等亚非发展中国家。印度企业的海外投资在 20 世纪 60 年代末有 1 个服务企业，8 个制造企业，总投资 4000 万卢比。到 20 世纪 70 年代中期以后，印度企业对外直接投资发展速度增快，印度政府陆续出台相关政策鼓励企业的海外投资：为了推动大型财团向海外发展，限制大型私营企业在国内的扩张，印度政府于 1969 年颁布了《垄断及限制性贸易行为法》，为了促进印度技术、资本、货物及咨询服务的出口，鼓励企业对外投资，印度工商部成立了海外合资企业委员会（1974 年），1976—1983 年的七年间，印度海外企业数量的增长超过了 7%，其中已投产企业的数量增长了一倍。到 1983 年年底，印度企业有 228 项协议是与外国签订合资企业的协议，对外投资总计约 1.22 亿美元。与此同时，印度海外合资企业在地域上的分布也有了较大变化，除印度尼西亚、马来西亚、尼日利亚等发展中国家外，还在西欧、美国、澳大利亚、加拿大等发达国家（地区）建立了合资企业，而投资领域也逐渐涉及食品加工、纺织、造纸、旅馆饭店、咨询服务、机械制造等众多行业。20 世纪七八十年代，众多发展中国家纷纷采取措施，极力引进外国直接投资，但印度的对外直接投资量却远远超过了它吸引的外国直接投资量，从 1969 年到

1980年，印度吸引的外国投资量只有微不足道的7000万美元，而到1983年，它的对外直接投资量却达到了1.22亿美元。拉奥政府于20世纪90年代初对经济实行了一系列的改革，印度企业在海外举办的合资企业在技术水平和数量上都有所提升，拉奥政府推行的宽松制度和逐渐自由化的政策推动了企业对外直接投资，海外投资行业领域也逐渐扩大，逐渐涉足制药、软件等高新技术领域，突破了纺织等传统领域。20世纪90年代以来，印度企业在海外投资的地域也发生了较大变化，一些技术先进的企业还在北美、西欧、中国、东南亚等许多国家（地区）建立了分支机构，技术先进的软件企业、制药企业、工业企业等纷纷向外扩张，其中印度软件公司已在世界各地开展业务。

1.1.2 选题意义

新兴市场企业国际化的发展推动了新兴市场企业国际化的研究进展。现有的企业国际化理论大多由西方发达国家的经济学家提出，其目的在于指导发达国家企业进行国际化经营。新兴市场企业与发达国家企业面临的实际情况有很大差异，需要找到适合的企业国际化方法，本研究补充和完善了企业国际化理论。

本书首先以结构—行为—绩效（SCP）模式为理论基点，系统研究新兴市场企业国际化的动因、路径和绩效，并以中国这一最大的新兴市场为研究背景，从理论与实践的角度分析新兴市场企业国际化，有助于新兴市场企业在国际化道路上寻找新的竞争优势，实现跨越式发展。随后研究从国家文化距离与制度环境的角度分析新兴市场企业开展国际化经营的区位选择，探讨新兴市场企业如何在对外直接投资过程中实现积极的逆向技术溢出效应，研究进行了行业差异和门槛效应检验，最后以中国对"一带一路"共建的投资为研究基础，实证探讨新兴市场企业如何在对"一带一路"共建的投资中获

取积极的逆向技术溢出效应。并结合国内外的实证研究和作者的调研结果，抛砖引玉，方便学术界在此基础之上进行更深入的研究。

1.2 新兴市场、新兴市场企业、企业国际化的概念界定及相关范畴说明

1.2.1 新兴市场

"新兴市场"一词的概念是世界银行在1980年提出的。国际货币基金组织发表的《世界经济展望》，从2004年开始，将全世界国家在分类时包括了新兴市场和发展中国家，这些国家是与包括亚洲新兴工业经济体在内的先进经济体相区别的。其中，新兴市场国家一般特指市场经济逐步走向完善，经济速度发展较快，市场发展潜力大，正力图通过实施体制改革与经济发展而逐渐融入全球经济体系，多属于非发达国家。李元旭（2003）认为，新兴市场是由一些重要的发展中国家（地区）、部分转轨国家和个别发达国家（地区）组成，其一般特点是市场经济体制将逐步走向完善，经济发展速度较快，市场发展潜力大，是世界经济的主要增长点。

新兴市场的特征包括：低收入但是经济快速增长，提供给当地公司更高的风险和更高的商业回报（Luo，2002）；促进商贸的体制、政治和社会制度的提升（Gelbuda, Meyer & Delios, 2008; Khanna & Palepu, 1997）；经济环境是复杂的、变化的、多样化和异质的（Luo & Peng, 1999; Tan & Litschert, 1994）；不稳定的经济政策以及逐渐减少对外贸易的经济政策干预；法律框架不完善和交易成本较高的测量和执行成本导致过高的交易成本（Choi, Lee & Kim, 1999; Hoskisson et al., 2000; Khanna & Palepu, 1997; Xin & Pearce,

1996）；市场与计划同时并存；缺少明确的产权导致更少的竞争厂商（Makino, et al., 2004）；腐败导致新兴市场竞争环境的不公平（Hoskisson, et al., 2000）；企业的竞争力和市场规模以及资源都比较贫乏（Aulakh, Kotabe & Teegen, 2000）；自然资产比较充分但是创造性的资产较少；缺少熟练的劳动力、产品，要素市场不发达，基础设施瓶颈导致了高的财政和交易成本（Khanna & Palepu, 2000；Chacar & Vissa, 2005）；公司治理和信息披露体制不成熟（Khanna & Palepu, 2000）。Hoskisson 等（2000）将 64 个新兴市场分为两组，即 51 个发展中经济体（分布在非洲、亚洲、拉丁美洲、中东）和 13 个转型经济体（苏联和中国）。新兴市场与新兴工业化国家（NICs）的概念有区别，Hoskisson 在划分新兴市场时将新兴工业化国家剔除。对新兴市场特征的研究有利于更好地了解新兴市场的特征如何影响新兴市场企业的行为。

1.2.2 新兴市场企业

跨国公司的概念是伴随西方发达国家企业在海外扩张而产生的，Dunning（1977）指出母国与东道国之间的相对区位资源禀赋和东道国企业的所有权优势对这些跨国企业在海外从事生产的程度有影响作用，并表明这些企业在其组建地以外的国家从事生产活动。20 世纪 80 年代后，以市场为导向的对外开放在转型经济体和发展中国家纷纷实行，这些源于新兴市场的企业就包含了本书所要研究的新兴市场企业（EMFs），但新兴市场企业（EMFs）并不等同于新兴市场的所有企业，Jain（2010）对新兴市场、新兴市场企业作了更明确的界定，新兴市场涵盖了亚洲的孟加拉国、中国、印度、印度尼西亚等众多国家，欧洲的阿尔巴尼亚、亚美尼亚、阿塞拜疆等国家，拉丁美洲的阿根廷、巴西、智利等国家，以及非洲的博茨瓦纳、科特迪瓦、埃及等国家，在这些新兴市场的企业称之为新兴市场企业。Luo（2007）对于新兴市场企业做了定义，认为新兴市场企业是那些来自新兴市场的跨国企业。本章对新兴市场企业（EMFs）界定为来自新兴市场的国际企业。

1.2.3 企业国际化

纵观国内外学术界的研究成果，对企业国际化内涵的解释主要有以下几种观点：①Johanson and Vahlne（1977，1990）认为企业国际化是一个渐进演变的过程，在这个过程中，企业由国内向国际市场慢慢过渡，是企业逐步和有序地参与国际市场经营的过程。②英国国际商务学的著名教授斯蒂芬·扬提出，企业跨国经营的方式或涉及活动即是企业国际化，这是从企业国际化的形态的角度来考察的，跨国活动的过程包括产品出口、直接投资、技术许可、管理合同、交钥匙工程、国际承包生产和特许经营等。③Buckley and Casson（1976）从经济学的角度来解释企业国际化，他们从市场的不完全性来解释，认为导致企业内部层级治理取代外部市场是知识市场不完全引起的，从而推动企业跨越边界发展成为跨国企业。Dunning（1988）的折中理论从所有权、内部化和区位优势的经济分析来解释，认为企业国际化是在国外市场的一种投资模式。④企业国际化的资源依赖观点。Calof and Beamish（1995）从企业面临的国际市场环境的角度来分析，认为企业与国际环境适应的过程就是企业国际化，在这个过程中企业需要不断自我调整，包括资源、战略和结构等。⑤Andersen（1997）对以往的研究做了综合，从企业国际化成长的角度来分析，其与企业其他成长战略存在不同点，认为企业国际化成长是选择合适的进入模式进入国际市场的过程，因为跨国界的服务、产品和资源的转移会发生，因而也会存在对国际市场的选择。此外，国内学者也对企业国际化纷纷展开研究。张方华和陈劲（2003）认为，简单地将产品出口到国外市场不足以说明企业国际化，企业国际化主要是资源配置范围的扩张，从国内到国际，企业具备了对所需要的资源在国际市场上进行重新配置的能力。

第 1 章 绪 论

企业的国际化是企业长期积淀的结果，它包括生产的国际化、营销的国际化、研发的国际化、观念的国际化、人才和资本的国际化，企业核心竞争力的提高对企业国际化成功有重要意义。依据目标市场的文化、社会、技术等背景的差异，为了满足不同客户的多样性需求，成功的国际化企业能够对其产品进行适应性的调整。

在本研究当中，企业国际化主要是指企业的外向国际化，即企业由一个国内企业参与国际分工并成长为跨国公司的动态过程，主要包括产品和服务出口、技术转让、海外生产、建立跨国战略联盟，等等。本章依据科斯的观点将企业国际化分为四个阶段，并归纳出每个阶段的特征，见表1-1。

表 1-1 企业国际化四阶段及其特征

阶段特征	第一阶段	第二阶段	第三阶段	第四阶段
与国际市场的联系	间接、被动	直接、主动	直接、主动	直接、主动
国际经营的地点	国内	国内	国内与国际	国内与国际
公司经营的方针	国内	国内	考虑到国际	国际
国际经营的种类	商品和劳务贸易	商品和劳务贸易	贸易、合同和国外投资	贸易、合同和国外投资
公司的组织结构	传统的国内结构	国际处室	国际部门	全球性结构

资料来源：根据科斯的企业国际化四阶段论整理。

1.3 研究内容

本书分9章，各章的内容概要可以做以下归纳。

第1章绪论。介绍了研究背景与研究概述，首先从新兴市场企业面临的机遇与挑战、从理论和现实的角度分析了研究的背景和意义，再对研究涉及的关键概念进行界定，以框架的形式提出研究的总体思路与研究路线，列出了可能的创新点，简述了本书的研究方法和章节安排。

第2章企业国际化理论综述。综述了传统的国际贸易与国际分工理论和对外直接投资理论，对我国学者关于企业国际化的研究做了归纳分析，总结了企业国际化理论和新兴市场企业国际化研究的已有成果和新兴前沿。本章的研究思路也是对企业国际化理论的提炼，为后续的案例和实证研究提供理论基础。

第3章新兴市场企业国际化经营概述。这是后续理论模型提出的现实基础，内容包括：新兴市场企业国际化发展概述，新兴市场企业国际化发展阶段。并对中国企业国际化经营做了阐述，针对中国企业国际化的区位、产业分布、投资主体等几个方面的特征进行了分析。

第4章案例研究。本章以国际化进程理论为基础，整合新兴市场企业国际化动因、路径与绩效，选取五个典型案例：北一机床、三一重工、潍柴动力、沈阳机床和大连机床，进行探索性分析，运用扎根理论研究法中规范的译码程序进行了系统的分析和阐述，通过备选案例的重复、复制进行了多案例研究。并发掘出"寻求市场""寻求技术""寻求资源""提升国际化路径""获取绩效"五个范畴以及各范畴之间的逻辑关系，最后对案例进行整合分析并提炼出了命题。

第5章理论模型与假设检验。提出了本研究的理论分析框架，采用大样本数据对理论模型进行实证分析。从资源基础观视角出发，对新兴市场企业国际化动因、路径与绩效做了理论探讨，构建了一个整合的理论分析框架，并提出相应的理论假设。采用了问卷调查的方式来验证提出的理论框架，对问卷设计、收集方式、数据的信度和效度分析、相关与回归分析等方法做了详细介绍。本章在设计量表前，分析了以往研究内容，针对不一致的地方做了总结归纳，形成了本章的调查问卷，问卷收回后，形成规范的分析报告，包括前期的信度与效度分析，后续对样本资料进行的相关与回归分析，对实证检验的结果进行了汇总，最后做了讨论分析。

第6章新兴市场跨国企业开展对外直接投资的区位选择。本章利用引力

模型分析制度环境与国家文化距离对新兴市场企业海外投资区位选择的影响，实证结果表明：制度环境对我国企业海外投资有负向的影响作用，对现有的文献结论做了进一步的论证和规范；国家文化距离对我国企业海外投资有负向的影响作用，我国企业在做海外投资区位选择时，国家文化距离是重要的影响因素，应该引起企业界的高度重视。

第7章新兴市场企业对外直接投资逆向技术溢出效应。探讨母国不同行业开展OFDI时的技术溢出效应，将不同行业的异质吸收能力引入，探讨其对OFDI逆向技术溢出效应的影响。实证研究结果表明，OFDI逆向技术溢出对母国的技术进步有促进作用，且在不同行业间表现出明显的差异，科学研究和技术服务业以及制造业的逆向技术溢出效应更加明显；采用门槛回归模型实证检验了吸收能力（研发资金强度和研发人员强度）的差异对OFDI逆向技术溢出的门槛效应，实证结果表明，研发资金强度对OFDI逆向技术溢出效应具有明显的积极作用，研发人员强度对OFDI逆向技术溢出存在负向门槛效应。

第8章中国对"一带一路"共建的投资。随着"一带一路"共建的有效实施，学者们开始探讨"一带一路"共建下制度环境对技术进步的影响。研究表明，政治距离对中国全要素生产率的影响不显著，经济距离对中国全要素生产率有显著的负向影响，通过对外直接投资提升全要素生产率的效果不显著，交互效应表明制度环境的调节作用存在，具体表现为：政治距离对OFDI逆向技术溢出有负向的调节作用，经济距离和制度距离对OFDI逆向技术溢出有正向的调节作用。

第9章结论与启示。在前述理论和实证分析的基础上，得出本书的研究结论，并结合新兴市场企业国际化经营的实践，对研究的理论贡献和实践意义做了归纳，最后讨论了本书研究的不足和未来研究的方向。

1.4 研究方法和思路

1.4.1 研究方法

新兴市场企业国际化绩效理论、国际化区位选择理论和逆向技术溢出效应理论涉及传统的国际贸易与国际分工理论、对外直接投资理论、新兴市场及发展中国家的企业国际化理论，本书重点在现有的理论基础上探讨新兴市场企业国际化动因、路径与绩效的关系，国家文化距离与制度环境对区位选择的影响，新兴市场企业如何在国际化过程中实现逆向技术溢出效应，形成理论体系。具体的研究方法包括查阅文献资料、建立理论模型、问卷调查、对典型企业的访谈等。

规范分析方法。在大量的中外文献资料的研读基础上，形成本书的研究思路，从理论和实践两个维度进行梳理，在理论研究部分将综合传统的国际分工与国际贸易理论、对外直接投资理论、新兴市场和发展中国家的企业国际化理论，从而推导出一个比较完善的新兴市场企业国际化动因、路径与绩效的理论系统及分析出国家文化距离与制度环境对区位选择的影响机理、新兴市场企业如何在国际化过程中实现逆向技术溢出效应，对已有的文献做系统的归纳与整理，寻找突破口。并将现有的企业国际化理论视角整合，从新兴市场企业这一新的视角研究企业国际化，在梳理现有的理论基础上，形成新的概念框架，为后续的实证研究奠定基础。

实证分析方法。本书通过实证研究来检验新兴市场企业国际化动因、路径与绩效的理论模型，采用问卷调查法，收集企业数据，运用信度分析、效度分析、相关分析和回归分析的方法，验证提出的概念框架。然后通过典型企业的访谈来进一步验证理论，这样可以摆脱现有理论的束缚，从实践中发现新兴市场企业国际化动因、路径与绩效与传统企业国际化理论的不同之处，对现有的理论做相应的证实和修正，扩充新兴市场企业国际化理论。在对新兴市场企业 OFDI 逆向技术溢出效应进行检验时，对面板数据进行单位根检验、内生性检验和模型估计以及进行 GLS 回归①，采用灰色关联度分析行业差异，采用 Hansen 门槛模型检验 OFDI 逆向技术溢出的门槛效应等。

扎根理论研究方法。以国际化进程理论为基础，依据本书提出的理论模型，选取五个典型案例：北一机床、三一重工、潍柴动力、沈阳机床和大连机床，进行探索性分析，运用扎根理论研究法中规范的译码程序进行系统分析和阐述，通过备选案例的重复、复制进行多案例研究。

为了验证案例研究的概化性，进一步阐述新兴市场企业国际化的动因、路径与绩效理论框架在管理实践中的应用，本书首次以新兴市场的企业为主体，弥补了现有理论在这一领域的研究不足。采用规范-实证-规范分析的方法与流程。

1.4.2　研究思路

为了能够清楚地阐述研究内容并解决研究问题，本书按照以下思路展开研究：

（1）文献分析。本书对以下企业国际化理论进行了梳理：传统的国际分工与国际贸易理论、对外直接投资理论、发展中国家跨国企业理论和企业国际化理论视角以及中国学者对我国企业国际化的研究。本书还提炼了新兴市场中国企业理论前沿研究、小规模技术理论、投资发展阶段理论、技术地方

---

① GLS 回归：GLS（Generalized least Sguares）回归是一种在回归分析中常用的参数估计方法，它扩展了最小二乘估计方法，通过考虑误差项的相关性和异方差性，提供更准确的参数估计。

化理论、技术创新产业升级理论、战略关联理论、资源基础理论等，为后续的实证和案例研究奠定理论基础。

（2）理论模型构建。选取五个典型案例：北一机床、三一重工、潍柴动力、沈阳机床和大连机床，进行探索性分析，运用扎根理论研究法中规范的译码程序进行系统分析和阐述，通过备选案例的重复、复制进行多案例研究，最后对案例进行整合分析并提炼出了命题，由此，提炼出理论模型，为后续的实证研究奠定基础。

（3）问卷设计及实施。结合新兴市场企业国际化动因、路径与绩效理论，借鉴学者们相对成熟的测量量表，设计研究量表：拓展东道国市场（市场寻求动因），为海外市场设计新产品、改进产品开发、改进产品的制造流程、识别和获取新兴技术（这四项为技术寻求动因），获取重要的自然资源、获取品牌和渠道资源、获取和引进创新性的人力资源（这三项为获取资源）；国际化绩效量表：与同行相比，贵企业的海外投资回报率比较高；与同行相比，贵企业的销售利润率比较高；与同行相比，贵企业的净资产收益率比较高。问卷设计后，首先进行小样本测试，对量表进行评估并做适当的调整，再进行大规模调研，以验证理论模型。

（4）实证分析。本书的实证分析部分为第5~第8章，第5章采用多元回归分析，验证新兴市场企业国际化动因、路径与绩效理论模型；第6章采用面板数据回归分析国家文化距离与制度环境对新兴市场企业国际区位选择的影响；第7章是对新兴市场企业OFDI逆向技术溢出效应的存在性检验、行业差异检验和门槛回归检验；第8章验证中国对"一带一路"共建国家投资的逆向技术溢出效应。

（5）结果解释。该部分对调查分析的结果进行解释说明，结合新兴市场企业国际化经营的实践，对研究的理论贡献和实践意义做了归纳，最后讨论了研究的不足和未来研究的方向。

第 2 章
企业国际化理论综述

企业国际化研究是国际商务很重要的研究领域，企业国际化理论以传统的国际分工与国际贸易理论为出发点，学者们从不同的视角对企业国际化理论进行了解释，这些理论对于理解企业国际化动因、路径与绩效及其关系具有重要的启示意义。从海默提出的垄断优势理论开始，大量学者的相关研究形成了主流跨国公司理论，如弗农的国际产品周期理论、小岛清的比较优势理论、巴克利和卡森的内部化理论以及邓宁的国际生产折中理论等。

2.1 传统的国际分工与国际贸易理论

2.1.1 比较优势理论

比较优势理论是在 Adam Smith 的绝对成本理论的基础上，由英国经济学家 David Ricardo 在 1815 年提出来的。比较优势理论形成的国际分工对贸易各国都有利。比较优势理论认为企业应该主要生产那些不利较小或利益较大的商品，而不是每个国家一定要生产各种类型的商品。生产具备比较优势的产品，再通过国际贸易，在保持劳动力和资本不变的情况下，生产总量将增加。

Smith 的绝对成本理论和 Ricardo 的比较优势理论在讨论分工和贸易时都是以生产技术存在差异的条件下主要考察劳动力因素，而 Ohlin 在考察分工和贸易时，包括各种要素的影响，不局限于劳动力因素，并且假定各国生产技术一致。瑞典的 Heckscher and Ohlin 在 20 世纪 30 年代共同提出要素禀赋理论，该理论认为在国际分工和国际贸易体系中，每个国家或地区输入由本国相对稀少的要素而生产的产品，生产和输出由本国相对丰富的要素生产的产品。

2.1.2 产品生命周期理论

产品生命周期理论由 Raymond Vernon 在 1966 年提出，是以美国战后的海外投资为背景，用以解释其海外投资的目的和区位选择。该理论认为企业的对外投资活动与产品的生命周期及区位特殊优势密切相关。该理论利用产品生命周期的变化，把国际贸易和国际直接投资结合起来。为了满足收入较高的消费者的需求，通过先进的技术进行耐用品的生产，因此，创新被美国的高收入和由此引致的需求所拉动，在这个过程中美国企业获得竞争领先优势，它们先通过出口，再通过到欧洲出口市场做进口替代型的投资来发挥优势。而当产品属于生命周期的成熟期时，产品生产的比较优势被广大发展中国家开始获取，美国成为这一产品进口国。

2.1.3 出口行为理论

在国际化经营时，企业在开展其他形式的直接投资以前，国际化经营的第一步是出口贸易，企业国际化经营可以分为几个阶段，根据美国密歇根大学的 Cavusgil 教授在 1980 年和 1982 年的企业国际化的五阶段理论，对企业国际化阶段做以下解释：前期主要是国内市场营销及巩固阶段，当国内市场巩固后，企业对国际化经营开始感兴趣，随之进入国际化经营前准备阶段，着手对国际市场进行调查，关注其他企业的国际化行为，这一阶段开始有零星出口，下一步就是通过代理间接出口，此时的国际化经营活动是小范围的，即企业进入探索性并积累相关知识的阶段，然后是直接出口的方式，企业具备了一定的国际化经营的经验和知识，最后进入国际化高级阶段，企业可以在全球范围内整合资源，在制定企业战略规划时考虑到全球各目标市场。

2.2 对外直接投资理论

2.2.1 垄断优势理论

垄断优势理论形成的基础是以企业优势为中心的直接投资理论，该理论是美国学者 Hymer 于 1960 年提出来的，在此之后，麻省理工学院的 C. P. Kindeleberger 对 Hymer 的观点做了补充和发展，于是产生了完善的垄断优势理论。垄断优势理论认为企业特定优势和市场不完全性是企业对外投资的前提。企业对外直接投资的根本原因是企业利用特定优势对海外业务进行控制，而这种优势来源于市场的不完全性，回报是来自抵消当地企业的优势而获取的。该理论提出后，以企业为主体的国际化研究和传统的国际资本流动理论分开，成为一个独立的研究领域。

2.2.2 市场内部化理论

为了在垄断优势理论基础上对跨国公司对外直接投资的利益做进一步阐释，于是产生了市场内部化理论，该理论是由英国学者 Buckley and Casson 于 1976 年共同提出的。市场内部化理论强调通过市场内部化可以取得市场优势，合理配置资源，拥有内部化的益处，而这些是由于外部市场失灵导致的各种无法控制的因素对交易成本的影响。市场内部化理论认为跨国企业对外直接投资的优势和真正动因是企业通过内部信息传递网络和组织体系以较低成本在内部转移优势的能力，它强调的不是企业特有技术优势本身，这就形成了其与垄断优势理论的根本差异。

2.2.3 国际生产折中理论

国际生产折中理论融合了垄断优势理论和内部化理论，并结合区位优势理论，该理论由英国瑞丁大学教授 Dunning 在 1977 年提出。国际生产折中理论对以往的各种直接投资理论做了综合、继承、创新。Dunning 在 20 世纪 80 年代初对国际生产折中理论做了进一步阐释，于是该理论变得更完整，它创建了一个普遍适用的理论模式，对过去各种直接投资理论做了总结吸取，对海外投资做出总体、全面的一般性解释。在国际生产折中理论中，内部化优势、所有权优势和区位优势成为关键的三个要素，它是企业对外投资的前提，当三种要素全部具备时，企业才能从事海外投资，也即著名的 OLI（所有权、区位和内部化）模型。该理论的 OLI 模型提供了通用的对外直接投资分析框架，具有广泛的涵盖性和高度的概括性。

2.2.4 国际化进程理论

Aharoni（1966）的厂商国际化连续性观点可被视为企业国际化进程理论（IP 理论）的源头，在后来的企业国际化阶段的研究中，理论多以这一观点为基础，而国际化阶段理论的研究在一段时间成为这一领域的主流。企业国际化阶段理论最具代表性的是 Johanson and vahlne（1977，1990）的观点，他们的观点与 Aharoni（1966）的观点有相似之处，即从企业国际化的连续性角度考察企业国际化阶段，并在此基础上提出了企业国际化的阶段模型，该模型认为跨国经营的企业会先充分开发国内市场，再向制度距离较小的周边国家过渡，然后才是全球市场的扩张。Johanson and vahlne 还提出国际化企业在资源投入上的阶段差异，它们往往由最开始的较少投入向较高的投入过渡，开始以出口形式参与国际化经营，此时的资源投入相对较少，而随着企业国际化的深入，建立企业在海外的网络体系，进而以绿地的方式在海外投资。Johanson and vahlne 关于国际化进程的观点被普遍接受和广泛应用，认为企业国际化经营遵循由近及远的"心理距离"的模式，国际化早期阶段，向周边国家扩张，慢慢向制度距离较远的国家或地区投资，而且在进入模式上也是由早期的出口再过渡到海外投资办厂，资源投入由低到高的方式进入。

除了普遍接受的国际化阶段模型外，国际化进程理论（IP 理论）的另一主流研究是 Rogers（1962）提出的与创新相联系的国际化经营模型（I-M），这一理论领域有代表性的观点还包括 Cavusgil（1980）以及 Czinkota（1982）的研究，他们认为企业的国际化是受到一系列因素的影响而展开的，这些因素都是与创新相关的因素，可以从企业内、外两方面来分析之，企业内部如企业的制度创新会带动企业国际化经营，而市场结构的新变化却是促进企业开展国际化经营的外部动力，而这些内外的能推动企业国际化的创新因素与企业国际化的阶段密切相关，与创新相联系的国际化经营模型实际上是在国际化阶段模型基础上提出了相应的创新因素，这些因素对企业国际化各个阶段产生影响，从而推动阶段的不断提升。

2.2.5 边际产业扩张理论

边际产业扩张理论是以日本企业对外直接投资实践为基础，由 K. Kojima 在 1978 年提出来的。边际产业扩张理论主要包括以下内容：比较成本的差异对比较利润差异的影响、生产要素不同产生成本差异、日本和美国的对外直接投资方式不同。该理论认为比较优势同样存在于企业对外投资中，这与传统的国际分工和国际贸易理论的观点相同。产业升级会发生在发达国家的工业化过程中，就会形成边际产业，即处于比较劣势的产业，该产业不具备发展前途和竞争优势，处于产业序列中的末端。边际产业扩张论强调投资国应按照边际产业也即处于比较劣势的产业依次来进行对外直接投资。但是这些边际产业相对于发展中国家而言却是处于比较优势的产业,即主导产业,处于产业序列中的前端,因为发展中国家的工业化时间相对较晚,产业结构落后。发展中国家的主导产业正是发达国家的边际产业,发达国家通过边际产业的对外投资,能够产生更大的市场空间和投资收益。

2.3 新兴市场跨国企业理论

新兴市场跨国公司虽然实力小,不具备发达国家跨国公司的大公司优势,但因为其自身的特有优势也可以进行跨国经营。20世纪80年代,随着新兴市场跨国公司的广泛兴起,一部分学者将研究的焦点放在了新兴市场跨国公司上,于是产生了许多有价值的理论和观点。

2.3.1 小规模技术理论

西方理论界普遍认为,Lois T. Wells(1998)在题为《跨国公司与发展中国家》的文章中的观点是新兴市场跨国公司理论研究的早期代表性成果。该观点认为发展中国家的跨国公司的竞争优势来自低的生产成本,这种低的生产成本与其母国的市场特征紧密相关。Wells主要从三个方面分析了这种比较优势:一是小规模制造。这种小规模技术特征往往使劳动密集型的生产有很大的灵活性,适合小批量生产。二是当地采购和特殊产品。由于存在海外同一种族的需要,于是带动了拥有这些民族产品的跨国公司的对外直接投资,产生接近市场的优势。三是物美价廉。由于利用母国当地资源,因此生产成本较低,又由于花费较少的广告支出,采取低价营销战略,因此物美价廉成为这类企业产品抢占市场份额的最有力的武器。小规模技术理论对于分析经济落后的新兴市场跨国公司在走向国际化的初期阶段,怎样在国际竞争中争得一席之地是颇有启发意义的。由于世界市场是多元化多层次的，因此即使那些技术不够先进、经营范围和生产规模不够庞大的小企业仍可参与到国际竞争中来，并且仍然具备很强的经济动力和竞争实力。但是从本质上来说小规模技术理论属于技术被动论，它继承了发达国家成熟的跨国公司理论——弗农的国际产品周期理论，认为这些国家生产的产品主要是使用了降级技术，生产在西方国家早已成熟的产品，它在国际生产中的位置永远处于边缘地带和产品生命周期的最后阶段，因此该理论的局限性也显现出来。

2.3.2 投资发展阶段理论

Dunning（1981）在《用折中范式解释发展中国家对外直接投资》的论文中，将一国的吸引外资和对外投资能力与其经济发展水平结合起来，提出了投资发展阶段理论。该理论认为在一定的经济发展条件下，该国的利用外资和对外投资是紧密相连的两个发展过程，并且指出，发展中国家对外直接投资倾向，取决于经济发展阶段以及该国所拥有的所有权优势、内部化优势和区位优势。邓宁用人均 GNP（国民生产总值）为衡量标准，把经济发展水平分为四个阶段：低于 400 美元、400~2000 美元、2001~4750 美元、4750 美元以上，四个指标分别表示：只有外资流入，而对外直接投资几乎等于零的最贫穷的发展中国家；外资流入在增长，但也开始有对外投资流出，投资净流量为负值的发展中国家；外国直接投资仍然高于对外投资，但已形成自己独有的与区位相联系的优势，并开始寻求更多的途径来提高自己的所有权优势，对外投资开始增加的国家；人均投资的净流量为正值的发达国家。后来邓宁又提出了第五个发展阶段，主要描述经济发展处于较高阶段的发达国家之间不断增长的交叉投资行为。分析了直接投资流动与人均 GNP 之间的相关性以及国际投资地位与人均 GNP 成正比关系，随着人均 GNP 的逐步提高，一些发展中国家的对外直接投资先落后于外商直接投资，而后赶上并超过。

一些学者从邓宁的投资发展阶段理论出发,对该理论进行修正,指出即使发展中国家不同时具备邓宁所称的三种优势,也可能发生优势替代型投资,即人均 GNP 低于 400 美元的发展中国家仍然可能因存在比较优势而发生对外直接投资。投资发展阶段理论从宏观经济角度分析发展中国家对外直接投资的理论。

2.3.3 OLI 和 IP 模型的修正

越来越多的学者对现有跨国公司理论的最主要部分 OLI 模型(所有权、区位和内部化理论)和 IP 模型(国际化进程理论)提出疑问。重新评价的核心部分是现有理论是不完整的(就空间和过程的范围而言)和不一致的(内部有效性和外部有效性之间)。Peter(2003)认为所有权优势并不是企业跨国经营的前提条件,特别是对于发展中国家来说。OLI 模型认为所有权优势是 FDI(Foreign Direct Investment,外国直接投资)的必要前提条件,应予修正;利用现有优势并不是发展中国家企业国际扩张的唯一动因,开拓竞争优势与利用竞争优势在促进 FDI 时同样重要;OLI 模型需要修正的是,利用现有所有权优势并不是企业 FDI 的唯一动力;发展中国家跨国企业的竞争优势并不存在于企业层面,而是在于作为 OEM(Original Equipment Manufacturer,原始设备制造商,俗称代工)供应商参与全球价值链,然后沿着价值链向技术和市场移动的战略。OLI 模型应该认识到,所有权优势不仅存在于企业内,也存在于网络中;OLI 模型应修正加入企业和网络组织里的跨国公司分析;企业在当地合作者的帮助下能够很容易地解决外部劣势,特别是与当地合作者拥有共同的伦理纽带或其他的社会联系时;OLI 模型应该认识到,在外投资的陌生感可由外国与本地企业的战略联盟,尤其是基于个人关系的种族纽带来弥补;交易成本和交易价值都是企业进入模式的重要决定因素;OLI 模型必须修正交易成本是决定市场进入模式的唯一因素的观点;战略联盟通常是最好的进入模式，特别是作为后来者的发展中国家跨国企业，因为它不仅能够减少交易成本，还能增加交易价值。

Peter 修正了传统的 IP 模型，以适应经济全球化背景下的发展中国家跨国企业。发展中国家的跨国企业并不会严格地遵照建立链（establishment chain）发展，它们通常会越过其中的某些链条，以赶超发达国家跨国企业。IP 模型应该认识到，跨国公司不一定遵循固定的市场进入模式，发展中国家跨国公司可以跳跃式前进，因它们需要赶超老牌跨国公司；IP 模型应该认识到，不同的进入模式不是互相排斥的，而是共存一体、互相补充的，跨国公司能在同一时间、同一地点采用多种进入模式，因为进入模式是互补的，所以多种模式可同时运用；作为后来者的发展中国家跨国企业要从发达国家获得战略资产和战略合作者，因而不能把"心理距离"作为东道国选择的重要标准，IP 模型应该认识到，心理距离并不是选择进入模式的关键；在战略联盟形成的全球网络中，企业可以在当地合作者或具有当地经营经验的外国合作者的帮助下，克服由于"心理距离"带来的经营困难，IP 模型应该认识到，心理距离并不一定用企业自身的经验来弥补，通过与当地伙伴建立战略联盟可能解决这个问题。

发展中国家跨国企业是在不具备优势的基础上对发达国家的逆向投资，Mathews 的 LLL[①] 模型认为，发展中国家企业国际化并不是对已有优势的利用，而是借助三个 L，即杠杆利用（Leverage）、外部资源链接（Linkage）和学习效应（Learning），以获取新的优势，是建立优势的过程。Mathews（2006）探讨了 OLI 模型与 LLL 模型在可利用的资源、地理范围、制造与购买、学习、国际化进程、组织形式、驱动模式、时间框架上有很大差异，如 LLL 模型倾向于通过外部联系来生产，而 OLI 模型则倾向于跨国界内部化生

---

① LLL（简称 3L），代表 Linkage（链接）、Leverage（杠杆）和 Learning（学习），强调企业通过建立外部联系、利用现有资源和持续学习来提升竞争力，通过国际化战略实现快速成长和全球竞争。

产；LLL模型强调的是通过与外部联系获取资源，OLI模型强调企业自身的所有权优势；在地理范围上，LLL模型强调通过杠杆效应、多重关联达到学习的目的，在区位上是国际化网络的一个组织部分，具备作为后来者优势的全球一体化组织结构，通过外部联系逐步推进国际化进程；而OLI模型强调的则是作为垂直一体化的一个组成部分而建立的区位；OLI模型的驱动模式主要是交易成本经济学，而LLL模型强调获得"后来者"优势；OLI模型采用的是比较静态分析，而LLL模型采用的是渐进累积式发展进程。

2.3.4 技术地方化理论

在对印度跨国公司的竞争优势和投资动机进行深入研究之后，Sanjaya Lall（1983）在《新跨国公司——发展中国家企业的发展》一书中首次提出了技术地方化理论。他认为发展中国家的跨国公司之所以能创新出独有的优势，是源于技术变动的本质，技术创新可以使科技知识得到新突破。也可以是在适当的范围加以改革，使之适合于当地条件。印度前总理拉奥又进一步将形成这种竞争优势的条件归纳为以下几点：企业/集团规模小、技术知识的当地化是在不同于发达国家的环境下进行的，这种新的环境往往与一国的要素价格和机器质量相联系、能生产更适合发展中国家市场需要的产品、适应性技术在小规模生产条件下具有更高的经济效益、在产品特征上发展中国家企业仍然能够开发出与名牌产品不同的消费品、低成本投入（特别是管理和技术人员）、上述几种优势还会由于民族或语言的联系而得到加强、东道国政府的支持。适应性技术理论不仅分析了发展中国家企业的国家竞争优势，而且更强调了形成竞争优势所需要的企业创新活动，企业的技术吸收过程是一种不可逆的创新活动，并且这种创新往往受当地的生产供给、需求条件和企业特意地学习活动的直接影响。该理论更强调企业技术引进的再生过程，强调对技术的消化改进和创新，正是这种创新活动给企业带来新的竞争优势。

它把对发展中国家跨国公司研究的注意力引向了微观层次。

2.3.5 技术创新产业升级理论

John and Paz（1990）共同提出了两个基本命题：一是发展中国家产业结构的升级，说明了发展中国家企业自身技术的稳定提高和扩大，这种技术能力的提高是一个不断积累的结果；二是发展中国家企业技术能力的提高是与其对外直接投资的增长直接相关的。其基本结论为：发展中国家对外直接投资的产业分布和地理分布是随着时间的推移而逐渐变化的，并且是可以预测的。根据该理论的研究，发展中国家跨国公司的海外直接投资遵循以下发展顺序：首先在周边国家进行直接投资，充分利用种族联系；之后随着海外投资经验的积累，种族因素重要性下降，逐步从周边国家向其他发展中国家扩展直接投资；最后在经验积累的基础上，为获取更先进的复杂制造业技术开始向发达国家投资。

技术创新产业升级理论以地域扩展为基础，以技术积累为内在动力，随着技术积累固有的能量的扩展，对外直接投资逐步从资源依赖型向技术依赖型发展，而且对外投资的产业也逐步升级，先是以自然资源的开发利用为导向的纵向一体化生产活动，随后是以进口替代和出口导向为主要内容的横向一体化，在地理分布上，以地理距离和"心理距离"地从近到远的扩张方式为依据。

2.3.6 资源基础理论

Wernerfelt（1984）提出的资源基础观从企业内部来探讨企业之间产生绩效差异的原因，并讨论了企业通过什么方式来保持可持续的竞争优势。Barney（1986）认为企业内部资源可以产生竞争优势，并且企业内部资源是不可模仿的、稀缺的、难以替代的和有价值的，这四点也成为判断企业核心资源的基准。Douglas E. Thomas（2001）认为，企业有动力进行海外投资是为了得到有价值的资源。企业到发达国家投资是为了获取关键资源，以提高其竞争优势。他认为只有那些拥有特殊资源的新兴市场国企业才有能力通过国际化扩张获取新资源。他的研究结果显示，与没有国际化的企业相比，企业拥有越多的技术能力、国际化经验、企业集团的会员身份、曾经的国有所有权以及与跨国公司联盟的经验，越可能进入发达国家市场。而且，第一次进入海外市场的资源与多次进入海外市场的资源不同，与以前的研究只注重企业所有权优势中的知识资源不同，该文突出了企业拥有的关系资源，认为关系资源比知识资源更能让企业到海外投资。

2.3.7 投资发展动因理论

Lecraw（1977）认为发展中国家对周边国家直接投资的动因主要来自寻求市场空间、保护自身的市场、分散风险、获取高回报。Robert 等（1993）认为跨国公司的 FDI 动因与市场导向、投资类型、投资国、产品、投资规模和投资的年份有关。Filatotchev I, Strange R, Piesse J 等（2007）认为新兴工业经济体对新兴市场的 FDI 分享所有权与母公司的家庭分享所有权呈否定相关性、与母公司的民族财政体制负相关、与母公司的对外财政体制正相关、与母公司和东道国的经济与文化网络关系正相关。Yadong Luo（2000）认为新兴市场的跨国公司对外扩张的主要动机是寻求资产和机会、母国政府的支持、到全球范围去分享和销售战略资源、海外投资可以获得标准化的技术、获得重要的国际市场、企业领导的创业精神。对外扩张可以弥补新兴市场企业的竞争弱势，克服后来者劣势，对抗全球竞争者，绕开贸易壁垒进入发达市场，减少本国体制上和市场上的局限，确保从母国政府那里获得优惠待遇，开发在其他新兴和发展中国家的竞争优势。Yadong and Rosalie（2007）认为新兴市场企业将国际化扩张作为一个跳板以获取所需的战略性资源，并削弱母国在制度和市场方面对其的限制。在国际化的过程中，新兴市场企业也可以通过从发达国家成熟的跨国公司处购并重要资产等积极方式，弥补其竞争能力的不足，从而扭转其后来者的劣势。Sten 等（2008）认为中国企业"走出去"是为了弥补劣势。Ivar and Arne（2010）认为中国企业对外直接投资的动因是寻求自然资源与完善的体制。

2.3.8 国际化建立与进入方式理论

Charles WL Hill, et al.（1990）认为多国战略的公司寻求低控制地进入，全球化战略的公司追求高控制进入，全球公司的寡头市场要求高控制进入；跨国公司面临高风险的国家进入时，会选择低的资源责任的进入方式；当跨国公司的距离感大时，会选择低资源承诺的进入方式；需求不稳定时，跨国公司会选择低资源承诺的进入方式；东道国市场的变动性越大，越要求低的资源承诺。Benjamin Gomers-cassere（1990）的研究表明，跨国公司对东道国的熟悉程度与其在海外投资公司的股权所占比例呈正相关。Sanjeev Agarwal（1992）用折中理论解释了进入方式选择。Daphne Yiu and Shige makino（2002）认为东道国的制度和规范压力增大时，跨国公司会选择合资进入。而且，跨国公司会选择与竞争对手相似的进入方式进入，或选择与以往的进入方式相同的方式进入。研发能力越强，在东道国的投资历史越长，跨国公司越不会选择合资的方式进入。Mauro F Guillen（2003）认为以前的合资进入与无形资产的水平对合资进入有反作用，以前同一商业群体的另一公司的合资进入对商业群体里所有的公司的合资进入有利。以前同一商业群体的另一公司的全资进入增加了其合资进入的比率。Lin and Fuming（2009）认为东道国的市场竞争越大，跨国公司越倾向于选择全资进入；东道国的产业增长对全资进入不利；中国企业的资产寻求策略对选择全资进入方式有利。

2.3.9 新兴市场跨国公司理论新发展及展望

JuiChuan Chang（2007）利用亚太地区 1998—2002 年间 115 个跨国公司的样本数据，证明了新兴市场企业其国际化程度和绩效之间存在着非线性关系。分析表明在新兴市场跨国公司的海外经营当中，适当的产品多样化、海外投资速度和地理扩张范围可以增强该企业的竞争能力以开发新的市场机会，而过分扩张则会对企业绩效产生负面影响。Helena Barnard（2008）认为，发展中国家的企业到发达国家的朝阳产业投资可以增强其在母国的竞争力，并且发现其在知识密集型的服务产业比较活跃，特别是在新兴市场，尽管它们并不是全球的领导者，但是区域内的 FDI 使得它们的竞争能力得到增强。Pankaj and Thomas（2008）认为来自新兴市场的跨国公司和发达国家跨国公司一样采用积极的全球扩张方式，尤其是在新兴市场国家，产业特征很大程度上决定了市场竞争，但企业可以通过创造新的消费细分，管理成本以及重构价值链的方式打破这一模式。Bulent and Aysun（2009）实证分析了 58 个新兴市场跨国公司的收购与企业价值创造的关系，认为被购公司的规模、所有权结构，与收购价值是正向的关系。Nuno Fernandes（2011）分析了新兴市场企业的财政政策选择，认为新兴市场的财政政策选择与发达国家有相似性。

许多学者在新兴市场跨国公司方面已取得了大量成果，然而仍然存在理论框架不够系统的问题，未能从微观层面剖析新兴市场跨国公司的发展。因此，未来研究还存在极大的理论空间，学者们可以从以下方面继续探索，以期获得更全面的理论成果：①新兴市场金融类跨国公司的研究。现有的研究侧重对新兴市场非金融类的制造型企业的研究。随着金融一体化进程的加强，新兴市场国家在发展的过程中一方面享受着一体化带来的丰厚收益，另一方面也承受着金融危机带来的巨大痛苦，新兴市场已经成为金融危机的重灾区。

②新兴市场中小型跨国公司的研究。现有的研究大多针对新兴市场国家的大型跨国公司，而中小型跨国公司与大型跨国公司会呈现差异，因此未来的研究应将中小型跨国公司包括进来，以提高研究结果的普适性。③新兴市场国家样本范围的扩大。现有的研究侧重从代表性的新兴市场国家出发，如金砖四国、新兴市场国家中排名靠前的国家，缺乏对新兴市场国家的整体研究，影响了研究结果的适应性。④新兴市场界定的清晰化。现有的关于新兴市场的界定比较模糊，应从新兴市场的特征出发，进行更明晰的界定。

2.4　企业国际化理论新视角

2.4.1　国际新创企业

新创企业国际化的兴起，推动了这一领域理论的发展，是企业国际化理论的新视角。早期的理论来自 McDougall 在 1989 年的实证研究，研究将国内新创企业和国际新创企业作了比较，两者存在行业结构和战略不同，这一研究为国际新创企业理论的成熟奠定了基础，1994 年，Oviatt and McDougall 以国际新创企业为题目发表文章，集中分析了 24 个新创企业的案例，这 24 个企业来自 10 个国家。这一研究具有里程碑意义，国际创业作为一个新的学科领域产生。通过研究发现，国际新创企业致力于对外直接投资，而不仅仅从事简单的出口业务。

2.4.2　天生全球化企业

Oviatt and McDougall 将天生全球化企业定义为从成立的初始阶段就使用多个国家的资源，在多个国家的市场销售产品并从中获得竞争优势的企业组织。Bell and McNaughton（1999）研究了传统企业和天生全球化企业的区别，从国际化目标、国际化动机、国际化扩展模式和国际化战略等方面来分析，天生全球化企业国际化扩张模式是跨越式的，发展是非连续的，它们迅速在许多市场进行扩张。相比于传统企业，它们采取更加主动和积极的态度寻求国际化。Saarenketo（2000）也对传统企业与天生全球化企业作了分析，主要从管理角度来研究，研究发现，这类企业的管理者较之传统企业管理者来讲，具备更丰富的国际经验，具备更强的风险偏好。Moen（2001）对新的本土化企业和天生全球化企业作了比较，研究以挪威和法国的企业为基础，比较点包括：比较优势、出口战略、环境条件和国际化定位等方面。研究发现，天生全球化企业和新的本土化企业间在出口战略和竞争优势的不同点并不显著，两者在国际化视野上存在显著差异，与新的本土化企业相比，天生全球化企业从全球的视角整合资源，将全球看成其经营场所，不局限于国内。McDougall and Oviatt（2003）也对天生全球化企业作了研究，研究认为其他企业与天生全球化企业有差异，研究从企业战略、管理团队的经验和行业特征几个角度来进行比较分析，在国际化经验上，天生全球化企业更具优势；在企业战略上，天生全球化企业更强调战略集中，注重企业更加长远目标的制定。McDougall and Oviatt 的研究主要将美国的天生全球化企业与其他企业作比较。

2.5 国内学者对我国企业国际化的研究

改革开放以来，我国颁布各项政策积极推动企业国际化。与此同时，企业也面临外部宏观经济环境的影响，中国企业国际化的发展不断推进，国际化涉及的范围和领域不断扩大，国际化也在向更深的程度发展。早期是走内向型国际化经营之路，积极引进外资，而后走外向型国际化之路，从出口过渡到对外直接投资。随着中国企业纷纷走出国门，大步迈开国际化经营之路，对中国企业国际化的研究也开始引起关注，随之演变成为理论界的热点。根据本书的研究思路，我们从以下几方面作归纳和综述：企业国际化动因、企业国际化程度及测量、企业国际化的进入模式、国际化对企业绩效的影响、企业国际化区位选择、国际化逆向技术溢出效应等。

2.5.1 企业国际化的动因

李朝明和鲁桐（2003）认为，我国民营企业国际化经营很大程度上受到国外市场的吸引。通过对温州112家企业（其中84%为民营企业）的调查发现，扩大中国产品在国际市场上的份额是企业目前面临的主要问题。研究结果也显示，中国制造的产品在国际市场上已经具备了一定的竞争力，在对中国企业的海外投资动机做调查分析后，研究结论表明，中国民营企业进行海外投资的主要动机是拓展海外市场，除此之外，获得海外资源和先进技术也促使企业开展跨国经营。徐明棋（2003）从我国企业国际化经营面临的机遇与挑战方面来分析我国企业国际化的必然性，即企业开展国际化经营具备良好的客观条件，也顺应了客观的背景环境。当然，机遇与挑战并重，中国企业国际化的相关服务体系未建立，法律制度还不完善，政策体系还不规范等，而从企业微观层面来看，也存在问题，如我国企业还缺乏良好的治理机制等。虽然问题存在，会对中国企业国际化产生影响，但是良好的国际环境、国际大市场的驱动，仍使中国企业国际化具备其必然性。李丽君（2005）也研究了中国企业国际化经营的动机，从多方面来探讨，如为了推进企业的进一步发展，促进企业经营成本的降低，获取更多的廉价资源等。

2.5.2 企业国际化的程度及测量

鲁桐（2000）从国际化阶段的角度来研究企业国际化，提出了企业国际

化的蛛网模型，用来测量企业国际化阶段。研究将企业国际化从六个方面体现：跨国经营方式、市场营销、组织结构、跨国化指数、人事管理、财务管理，并对首钢进行了案例研究。这套指标体系可以用来测量企业国际化所处的阶段，帮助企业认识现状，为企业国际化经营服务。鲁桐（2000）从国际化深度与广度两个方面来研究国际化程度。国际化广度衡量指标：海外经营涉及的国家数量（NCOS）、海外销售的市场离散程度（FSDP）、心理距离（CD）；国际化深度衡量指标：海外资产占总资产的比例（FATA）、海外销售占总销售的比重（FSTS）、海外雇员占总雇员的比例（FETE）、海外机构占全部机构的比例（FOTO）。

　　沈娜（2001）以海尔集团为例，对建立的测评企业国际化发展的指标体系进行检验，发现海尔集团的国际化程度依然不高。论文将企业国际化分成五阶段：①国际化初级阶段，大多数企业以接收国外订单或简单的出口来与海外联系；②考虑到企业会面临贸易保护壁垒，伴随着出口的增长，这时候由第一阶段的出口向进口替代产品的当地生产转移；③随着海外经验的愈加丰富，开始在海外建立分支机构，在多个国家建立海外点，国外子公司的数量增加；④整合全球资源，以战略的眼光来开展全球化经营，全盘考虑公司整体利益；⑤进入企业国际化的最高形态。沈娜建立的国际化发展测评指标体系包括组织结构、国际化战略、财务管理、人事管理、市场营销、生产（服务）管理、当地化、经济指标、研究开发等方面。这套指标体系可以用来对企业国际化程度做测量，帮助企业认识企业国际化现状，更好地为企业国际化经营服务。

2.5.3　企业国际化的进入模式

　　张一驰（2001）对企业国际化的市场进入模式进行了述评。鲁桐（2003）研究了温州民营企业的国际化，对112家有海外经营业务的制造业公司进行了研究，对典型企业进行实地走访，对这 112 家企业进行了问卷调查，从而提出了企业国际化的追赶模式。论文围绕企业国际化时采用跨国经营的竞争优势和动机、海外市场进入方式、海外经营的发展趋势和企业面临的问题等几方面进行讨论，结论认为，中国企业国际化进入模式主要是渐进的发展模式，论文的研究对中国企业国际化进入模式的理论和实践有积极的指导意义。

邹刚（2007）对国外市场进入模式的方式、绩效、决策进行了述评，其中进入模式的方式包括：出口、契约（特许）及（国外）投资；进入模式的绩效评价包括财务和非财务指标，投资报酬率、利润率、出口成长率、资产报酬率。这些指标反映的是财务指标，海外股权的稳定程度、海外存活度以及海外存续时间也常常用来表述企业海外进入模式绩效的非财务指标；进行模式的决策影响因素有以下内容，首先是公司因素，又包括必需资源、经验和战略等；其次是市场因素，包括市场规模、竞争状况、市场风险、文化、政府影响、合作伙伴等。论文还对中国中小企业国际市场进入模式做了总结，这对中国企业尤其是中小企业的国际化有积极的指导意义。

2.5.4 国际化对企业绩效的影响

黄嫚丽（2006）研究了企业国际化程度与企业绩效间的关系。通过对 104 个 A 股上市公司样本的研究发现，国际化程度与国际化绩效的关系不显著。在论文研究时采用的方法有单方差分析，对国际化程度不同的两组企业做研究对比，发现两组企业并不存在明显的纯净差异，并将国际化绩效做了细分：包括销售利润率和净资产收益率，但是结果表明，国际化程度与两者的关系不显著；同样，在论文研究中，作者以广告密集度作为特定优势变量，探讨其对国际化的作用，在实证检验时也未通过；在对样本企业的研究中，发现对国际化绩效提升有积极作用的因素包括：股权方式参与国际化进程、研发密集度。研究表明，在参与国际化过程中，以股权方式参与对企业国际化绩效是有帮助的；同样，研发程度高的企业国际化绩效也会较高。杨忠（2009）也从国际化广度和深度两方面来研究中国企业国际化，论文以中国142家制造业企业为样本，实证结果显示，国际化深度和广度对企业国际化绩效的提升有不同的影响作用，现阶段来说，中国制造企业国际化的深度对国际化绩效的影响不明显，但是研究发现，目前从中国制造型企业角度来看，企业国际化成长与其国际化广度是有关系的。

熊吉娜（2012）也对国际化绩效的影响因素作了分析，论文采用的是面板数据进行的分析。研究认为，企业绩效受到国际化的影响是多方面的，国际化程度是其中一面，且研究证明U型的函数关系出现在中国企业绩效与其国际化程度关系中，尽管如此，国际化的其他因素也影响着企业绩效。论文还在国际化程度与绩效的关系中引入调节变量来进一步分析中国企业国际化绩效的影响因素。研究发现，企业的市场营销能力和技术能力在两者关系中起正的调节作用，即市场营销能力和技术能力越强的企业，国际化程度越高，企业绩效也越高。除此之外，论文还将企业层面的制度因素引入考虑其对企业绩效的影响，但是研究发现，制度因素的调节作用并不趋于一致，有正向也有负向的影响。研究还发现，国际化成功与政府参与可能是负向的，而国际化绩效的提升与外资渗入却是积极相关的。孟华（2009）也对国际化绩效的影响因素作了研究，论文从国际化绩效细分销售净利润率、净资产收益率、总资产收益率三方面来衡量，分别探讨国际化程度与三者的关系，研究发现，国际化程度对前两者的影响不显著，与此相反，国际化程度与总资产收益率却有积极的关系。这些研究对后续国际化绩效的研究做了良好的铺垫，例如在研究国际化绩效时，可以将绩效指标进行分解，详细探讨各种因素对绩效的影响，在研究国际化绩效的影响因素时，也可以从国际化的多方面来寻找因素，因为企业国际化经营面临的内外环境是复杂的、多变的，这对中国企业国际化经营有积极的指导作用。

2.5.5 企业国际化区位选择

吴先明和胡翠平（2015）在研究国际化动因、制度环境与区位选择时，将国家文化距离作为控制变量引入，认为国家文化距离与我国企业海外投资区位选择负相关。也有将国家文化距离作为非正式制度的变量来考察其对企业海外投资的影响，如邓明（2012）将文化距离作为非正式制度研究其对中国 OFDI 区位选择，表明制度的差异对中国企业海外投资有反向作用。刘晓玲（2014）认为当母国与东道国的文化认知维度差异显著时，会增强国际化企业管理上的难度，使得本国的母公司和海外子公司的交流和信息传递变得困难。张吉鹏和衣长军（2014）将文化距离作为情景变量引入，考察其在东道国技术禀赋与中国企业 OFDI 区位选择的调节作用，表明文化距离负向调节了技术装备、创新能力的正向影响。郑莹，阎大颖和任兵（2015）将文化距离作为制度壁垒来研究其对企业海外投资的区位选择，实证结果表明，文化距离对企业的海外投资有负向作用。也有学者持不同的观点，蒋冠宏（2015）研究了文化距离与我国企业海外投资的风险，结果表明，文化距离与企业风险的关系呈现先下降后上升的趋势，当文化距离控制在一定的范围内时，企业的风险是降低的，但是，文化距离也不可过大，否则会产生负效应，从而增加企业的风险。这与以往的研究结论存在较大差异，文化距离并不一定总是对中国企业海外投资产生负向的影响作用。国内学者韦军亮（2009）研究了中国企业 ODI（Outward Direct Investment，对外直接投资）与东道国政治风险的关系，研究样本包括 73 个国家，并将其分为三类：高政治风险国家、中等政治风险国家、低政治风险国家，研究表明高政治风险国家对中国企业 ODI 有更大的吸引力。徐旸憨（2014）的研究表明，我国企业的对外直接投资与东道国的法治化程度有正向联系，而我国企业的对外直接投资与东道国的民主化程度呈负向关系，东道国的法治化与民主化会对中国企业的海外投资产生完全相反的影响。李媛、汪伟和刘丹丹（2015）建立了海外投资国家风险评价体系，通过对 140 个国家和地区的分析，给出了中国企业海外投资的建议：发达国家的投资环境相对较好，政治稳定，风险较少；对亚洲国家的投资要根据实际情况来判断，与周边的时局变化有很大关系，风险判断较好的情况下，由于亚洲国家的经济增长较快，也是中国企业海外投资的主要地区；而对于风险较高的国家或地区，时局不稳定，经济发展迟缓，中国企业在进行海外投资时需要谨慎。

2.5.6　逆向技术溢出效应分析

李梅和柳士昌（2012）采用省际面板数据进行研究，研究表明 OFDI 逆向技术溢出存在地区差异，我国东部地区比西部地区更加积极；研究进一步对影响技术溢出的因素进行了门槛回归。郭飞和李冉（2012）以行业面板数据为对象，采用修正的 L-P 模型，研究表明 OFDI 对 TFP（Total Factor Productivity，全要素生产率）有积极的影响，其中在第二产业里表现最为明显。白洁（2009）的研究表明，对外直接投资对我国 TFP 有积极的作用，但是在统计上并不显著，研究建立的模型包括：OFDI 溢出的国外 R&D（研发）存量以及国内 R&D 存量两个自变量，并用该模型检验了 OFDI 技术溢出效应。衣长布、李赛和张吉鹏（2015）认为积极而显著的逆向技术溢出效应发生在东部地区，而非西部地区。

在总结了国内外学者对企业国际化的理论观点后，我们发现，发达国家的跨国企业理论相对成熟，发展中国家跨国企业理论也在日趋完善，但是针对新兴市场企业国际化理论还不多见，权威性的理论还缺乏，理论的体系性不强，针对问题导向的实证研究也有待增强。相比国外的研究成果来看，国内学者们对中国企业国际化的研究理论相对缺乏，且体系性不强，但是随着新兴市场企业国际化实践的推动，对新兴市场企业尤其是中国企业国际化研究将是未来研究的热点。

2.6 本章小结

本章主要从理论回顾的角度探讨了国内外的企业国际化理论。

(1) 回顾了发达国家跨国企业理论。传统的国际分工与国际贸易理论包括比较优势理论、要素禀赋理论、产品生命周期理论、出口行为理论；对外直接投资理论包括垄断优势论、市场内部化理论、国际生产折中理论、边际产业扩张论等。

(2) 梳理了新兴市场跨国企业理论的前沿观点。主要有以下观点：①小规模技术理论。小规模技术理论对于分析经济落后的新兴市场跨国公司在走向国际化的初期阶段，怎样在国际竞争中争得一席之地颇有启发意义。②投资发展阶段理论。投资发展阶段理论是从宏观经济角度分析发展中国家对外直接投资的理论。③OLI/IP 模型的修正，以适应经济全球化背景下的发展中国家跨国企业的特点。④技术地方化理论。该理论更强调企业技术引进的再生过程，强调对技术的消化改进和创新，正是这种创新活动给企业带来新的竞争优势，把对发展中国家跨国公司研究的注意力引向了微观层次。⑤技术创新产业升级理论。技术创新产业升级理论以地域扩展为基础，以技术积累为内在动力，随着技术积累固有的能量的扩展，对外直接投资逐步从资源依赖型向技术依赖型发展，而且对外投资的产业也逐步升级。⑥资源基础理论。企业到发达国家投资是为了获取关键资源以提高其竞争优势。⑦投资发展动因论。新兴市场企业开展国际化经营的动因主要是获取资源、技术等，实现技术，弥补后发劣势，从而实现追赶。⑧国际化建立与进入方式理论等。

(3) 对国内学者关于中国企业国际化的研究做了评述。现有的丰富的跨国公司理论多基于发达国家背景，针对发展中国家的理论相对丰富，但是基于新兴市场背景的企业国际化理论比较缺乏；从新兴市场企业角度做规范、系统的实证研究缺乏；新兴市场企业在国际化过程中，有其独特的内外环境，这是发达国家跨国企业所不具备的，这必然导致其国际化不能完全遵照已有的跨国公司理论体系，而应该以新兴市场企业为研究背景，经过实证研究，对形成的理论做体系性的梳理，形成相对权威的理论体系来指导新兴市场企业国际化经营。

第 3 章
新兴市场企业国际化经营概述

3.1 新兴市场企业国际化现状

2024年联合国贸易和发展会议公布的世界投资报告显示，2023年发展中经济体对外直接投资4913亿美元，占全球流量的31.7%；2023年全球前20大对外直接投资经济体中，有9个来自发展中经济体，分别是中国内地、中国香港、巴西、俄罗斯、中国台湾、阿拉伯联合酋长国、马耳他、沙特阿拉伯、印度。世界范围内投资流量的变化情况也可以通过全球外国直接投资吸收国的排名情况而反映出来。2023年全球前20大外国投资吸收国中，有9个来自发展中经济体。2023年发展中经济体吸收的直接外资流量为8670亿美元，占全球直接外资流量的65.1%，比发达经济体吸收外资投入多30.2%，全球吸引外国直接投资的新特征是发展中经济体走在了前面。2023年中国跨国公司绿地项目数量较2022年翻了一番，占发展中国家新增项目总数的一半。在某种程度上，这一翻番反映了新冠疫情后的项目积压，但2023年的投资模式也发生了变化，中国跨国公司宣布的项目增加大多在东南亚地区，集中在制造业，特别是计算机、电气设备、机动车和其他交通工具。中国跨国公司在发达经济体的绿地项目数量保持稳定。

典型的新兴市场国家代表如金砖国家已成为全球外国直接投资流入的主要东道国和全球对外直接投资流出的重要母国。从FDI流入量（IFDI）来看，金砖国家从2001年的844亿美元上升至2022年的3149亿美元，增长到近4倍，占全球IFDI流量份额从2001年的10.92%上升至2022年的24.32%。从IFDI存量来看，金砖国家从2001年的0.4257万亿美元上升至2022年的5.7015万亿美元，增长到约13倍，占全球IFDI存量份额从2001年的5.70%上升至2022年的12.88%。从OFDI流量来看，金砖国家从2001年的53亿美元上升至 2022 年的 1993 亿美元，增长到约 37 倍，占全球 OFDI 流量份额从 2001 年的 0.78% 上升至 2022 年的 13.38%。从 OFDI 存量来看，金砖国家从 2001 年的 0.1403 万亿美元上升至 2022 年的 3.9970 万亿美元，增长到近 29 倍，占全球 OFDI 存量份额从 2001 年的 1.93% 上升至 2022 年的 10.03%。

从发展中经济体的 IFDI 和 OFDI 地区分布来看，2022 年非洲地区 IFDI 下降 44%，亚洲发展中地区 IFDI 维持在 6620 亿美元，该地区是全球最大接收地，占全球资金流入的一半，拉丁美洲和加勒比地区 IFDI 增长 51%。亚洲发展中经济体对外投资下降 11%，但该地区仍是重要的投资来源，占全球 FDI 的四分之一，东盟、拉丁美洲和加勒比地区的对外直接投资呈上升趋势。

国际商业和跨境投资的全球环境充满挑战，新兴经济体对外直接投资和外商直接投资总体保持持续向好的趋势，但发展中国家的 FDI 增长并不均衡，总体来看，非洲地区有所回落，亚洲地区持平，流入拉丁美洲和加勒比地区的 FDI 增加。新兴经济体作为全球重要经济体，在对外投资实践领域和理论研究方面仍需重点关注。

3.2　新兴市场企业国际化发展阶段

发达国家跨国公司的资本流向主要是北—南或北—北方向流动，发达国家跨国公司对外直接投资的实践产生了发达国家跨国公司理论，发达国家跨国公司对外投资的前提是垄断优势。而对外投资的资本流向，即南—北或南—南方向，是来自新兴市场跨国企业的普遍流向，新兴市场的这种投资流向与发达国家的垄断优势型的投资流向不同，新兴市场企业是在不具备优势的基础上对发达国家的逆向投资。新兴市场企业国际化不在于利用已有的优势，而在于获取新的优势，不是利用已有的资源，而是获取和开发新的优势资源。新兴市场企业国际化表现出来的新特征也反映在其国际化发展的历程中。

新兴市场企业国际化的三次浪潮：

第一阶段：1960—1980年中期，这一阶段对外投资主要涉及的国家和地区是巴西、阿根廷、新加坡、马来西亚、委内瑞拉、菲律宾、中国香港、韩国、哥伦比亚、墨西哥、印度。对外投资的主要目的地是其他的发展中国家，主要是小规模制造业的对外投资。此阶段的投资主体的所有权优势包括低成本、产品生产能力、网络和关系、组织结构、商业模式、适宜的技术以及管理模式。

第二阶段：1980年中期—1990年，对外投资主体是亚洲国家和地区，如中国内地、中国香港、中国台湾、新加坡、朝鲜、马来西亚等。对外投资的主要目的地还是发展中国家，也涉及更多地理位置更远的国家或地区，包括对发达国家的投资。进入发展中国家的主要产业是财政和基础设施等服务业，进入发达国家的主要产业是成熟且具备成本优势的产业，如汽车、电子、IT服务等，也包括对发达国家的资产扩张投资，此阶段的投资主体的所有权优势与第一阶段相似。随着国际竞争环境的改变，新兴市场企业改变它们的战略，1980年，仅有1%的FDI起源于新兴市场，然而，1989年，8%的FDI来自最不发达国家和新兴市场。尽管来自新兴市场的FDI占全球FDI的百分比还不高，但是FDI的总量有较大幅度的增长。1987年来自最不发达国家和新兴市场企业的FDI是130亿美元，到1988年，FDI达到520亿美元（UNCTAD，1999）。

第三阶段：1990—2000年，此阶段的投资主体来自更多国家和地区，如中国内地、中国香港、中国台湾、新加坡、南非、巴西、韩国、马来西亚、阿根廷、俄罗斯、智利和墨西哥。产业涉及知识密集型服务业进入发达国家的数量也慢慢增长。

3.3 新兴市场企业国际化与传统型跨国公司的比较分析

新兴市场企业国际化呈现出与传统跨国公司不同的特点。新兴市场企业在企业还不太成熟时，就开始了在全球范围内的快速国际化过程，这与传统跨国公司理论的国际化循序渐进的观点有出入。而这也是本章要研究的基点，即新兴市场企业国际化有其特有的内外环境，与传统的发达国家跨国公司相比，有明显的不同，势必导致其与传统的跨国公司理论有差异。而引起这些差异的原因可以从以下几方面来分析。首先，从新兴市场企业自身的条件来看，新兴市场企业普遍缺乏先进的技术、管理经验和良好的企业品牌等优势资源，导致其在国际化市场上处于后来者劣势，在本身不具备优势的情况下开展国际化经营，这一现实背景与传统的跨国企业国际化背景的理论基础是不相符的。因而，传统的跨国企业国际化的循序渐进的路径在新兴市场企业国际化过程中也并不完全遵行之，因为新兴市场企业希望通过国际化来获取他们所缺乏的资源，来弥补本国市场或者企业本身的不足，于是他们纷纷大力开展国际化经营，方式相对激进，如通过并购发达国家的优势资产，快速进入国际市场，获取所需的资源，来弥补企业的后发劣势；其次，可以从新兴市场企业面临的外部环境来分析新兴市场企业国际化与传统的跨国公司国际化的差异。伴随全球经济一体化，企业边界扩张，技术飞速发展，全球大公司采用外包战略来提升企业本身的竞争力，产品价值链的分割，对后来者门槛降低，国际化收益也在增加……在这些环境因素的影响作用下，新兴市场企业可以凭借低成本优势开展国际化经营，而这些环境背景是传统跨国公司不具备的，势必也会导致新兴市场企业国际化与传统跨国公司的巨大差异。本章将新兴市场企业国际化与传统跨国公司作了详细比较，详见表3-1。

表 3-1　传统跨国公司与新兴市场企业国际化的比较分析

比较项	新兴市场企业国际化	传统跨国企业国际化
竞争优势	可以在国际化过程中累积提升相对的竞争优势，是一种动态动力体现	是母国积累的能力和资源，是其固有的能力，也称绝对的竞争优势
国际化速度	快速的国际化过程，跳跃阶段	循序渐进的国际化过程，是累积的结果
国际化进入模式	以全资子公司方式进行，是一种内部成长	收购或联盟，是一种外部成长
国际化扩张路径	路径并不单一，既有对发达国家的扩张，也有对发展中国家的扩张	一般遵照循序渐进的扩张路径，先对发达国家投资再逐步扩张到发展中国家
技术创新能力	是一种模仿性创新	具备原始创新能力
组织适应能力	组织适应能力较强，对外部环境反应迅速，以达到快速进入国际市场的目的	对外部环境的变化反应相对迟缓，与其国际化扩张方式相关
与母国的制度关联	母国政府的政策对企业的影响较大，有积极也有负面的影响	与母国政府的联系适中，母国制度对企业的影响一般
在全球价值链中的地位	具备比较优势，主要表现在低成本的比较优势，如外包业务和制造环节	在高附加值的价值链环节中有控制地位

3.4　新兴市场企业国际化发展趋势与新特征分析

3.4.1　对外直接投资规模迅速扩大，但所占比重还比较低

联合国贸易和发展会议公布的数据显示，1990 年，发达国家外向型 FDI 达 2295.83 亿美元，发展中国家的 FDI 是 118.38 亿美元，发达国家外向型 FDI 是发展中国家外向型 FDI 的 19 倍。到 2000 年，这一比例有明显变化趋

势，发达国家外向型 FDI 是 10908.46 亿美元，而发展中国家是 1462.73 亿美元，双方差距缩减至 7∶1。在全球的 OFDI 中，发展中国家和过渡经济的外向型 FDI 呈显著上升趋势。到 2012 年，发达国家外向型 FDI 是 9093.83 亿美元，发展中国家 OFDI 达 4260.81 亿美元，呈快速增长趋势，两者比例进一步缩小至 2.1∶1。与此同时，过渡经济也由 1990 年的零 OFDI 发展到 2012 年的 554.90 亿美元。发展中国家和过渡经济的 OFDI 呈快速增长趋势，但在全球的 OFDI 中，占的比重总体还不多。《2024 年世界投资报告》显示，2023 年发展中经济体 OFDI 是 4910 亿美元，占比 31.7%，发达经济体的 OFDI 是 10590 亿美元，占比 68.3%。由此可见，发展中经济体在全球 OFDI 占的比重总体依然比较低。

3.4.2　新兴市场企业国际化主体构成相对集中

世界投资报告显示，2023 年全球 20 大投资经济体中，有 9 个为发展中经济体，包括中国内地、中国香港、巴西、墨西哥、阿拉伯联合酋长国、印度、阿根廷、印度尼西亚、智利。2022 年，亚洲发展中地区 FDI 流入稳定维持在 6620 亿美元，该地区是全球 FDI 最大接收地，占全球资金流入的一半。拉丁美洲和加勒比地区 FDI 流入增长 51%，达到 2080 亿美元。32 个内陆发展中国家（LLDCs）FDI 流入量增长了 6%，非洲、亚洲和欧洲 LLDCs 的 FDI 流入有所增加。FDI 仍然集中在少数几个经济体。受对自然资源丰富国家的投资的驱使，流向小岛屿发展中国家（SIDS）的直接外资量增长 39%，达到 78 亿美元，约占全球 FDI 的 0.6%。2022 年亚洲地区发展中经济体对外投资下降了 11%，但该地区仍是重要的投资来源，中国仍是全球第三大对外投资国。东盟地区跨国公司对外投资增长 6%，主要来自马来西亚和印度尼西亚；拉丁美洲和加勒比地区的对外直接投资继续呈上升趋势，达到 590 亿美元；墨西哥对外直接投资由 2021 年的 −20 亿美元增至 13 亿美元；巴西跨国公司投资增长23%，达250亿美元；智利的投资也增长了4%，增至120亿美元。

3.4.3　投资流向主要是区内投资，逆向投资有所增加

联合国发布的报告显示，2023年全球外国直接投资下降2%，中国内地及中国香港特别行政区仍是亚洲发展中经济体最大投资者。在南亚地区，印度FDI流入增长10%，超过490亿美元，使其成为绿地项目中第三大东道国，其中最大的项目之一是来自富士康（中国台湾）和印度韦丹塔集团计划在印度投资190亿美元建设的首个芯片工厂。在西亚地区，最大的并购项目是来自美国、中国、沙特阿拉伯和中国香港的投资者财团以160亿美元收购的沙特阿美天然气管道公司49%的股份。在南美洲，对巴西的大型投资项目包括智利工业集团投资30亿美元建设的橄榄油厂项目。新兴经济体的对外直接投资中，对发达经济体的逆向投资有所增加。中国跨国公司披露的最大绿地项目集中在电池供应链领域，中国宁德时代计划在匈牙利建设第二个欧洲工厂，投资金额总价值约为75亿美元；国轩高科计划在美国建设新的电动车电池工厂，总价值为24亿美元。此外，马来西亚国家石油化工集团以26亿美元收购瑞典柏斯托。

3.4.4　直接外资收益逐渐升高

2022年，三个主要经济体类别（发达经济体、发展中经济体、最不发达国家）中，发达经济体FDI下降了37%，最不发达国家的FDI下降了16%，而发展中经济体的FDI上升了4%，其中绿地项目增加了37%。发展中经济体中，亚洲发展中国家FDI流入稳定维持在6620亿美元，拉丁美洲和加勒比地区FDI流入增长51%，达到历史最高的2080亿美元。发展中国家FDI流入量占全球FDI流入量三分之二以上，高于2021年的60%。中国跨境并购交易额增至100亿美元，绿地FDI达410亿美元，增长24%；印度绿地项目价值达420亿美元。

3.5 中国企业国际化经营

3.5.1 中国企业国际化的现状

1979年8月,中华人民共和国国务院提出"出国办企业",同年8月13日,国务院颁发文件,提出了15项改革措施,其中第13项明确指出:要出国开办企业。第一次把ODI作为一项政策确定下来。同年11月,京和股份有限公司成立,这是一家中日合资企业,由北京友谊商业服务公司设立。中国企业ODI的序幕也由此拉开,自此,中国ODI逐步发展起来。从1979—2012年,年平均增速达到28%,特别是近几年来,无论从总量来看,还是增长速度来看,中国ODI发展均进入了新阶段。

根据2010年中国跨境资金流动监测报告的内容,在对过去十年购汇比例和现汇出资比例的统计中发现,在跨越式发展的十年里,对外直接投资保持增长,购汇比例和现汇出资比例上升较快。这是我国"走出去"的成果显示,也是我国对境外直接投资的改革成果。在这十年间,现汇出资中的购汇比例平均为51%。2006年现汇出资中的购汇比例为32%,2010年为62%,增长了30个百分点。在这十年间,现汇出资的比例平均为55%(非金融类对外直接投资),2007年现汇出资的比例为40%,2010年为64%,增长了24个百分点。

中华人民共和国商务部的数据显示,在最有前途的对外直接投资来源国中,中国也列入其中。对海外基础设施的投资方面,中国也高度重视,增长很快。除此以外,对外投资的国家范围和行业也十分广泛,驱动因素是多方面的,可能是受到企业经营绩效提高、寻求市场、获取战略资产和自然资源的影响。2023年,中国对外直接投资流量为1772.9亿美元,比上年增长8.7%,成为历史第三高值,占全球份额的11.4%,较上年提升0.5%。截至

2023年年底，中国3.1万家境内投资者在国（境）外共设立对外直接投资企业4.8万家，分布在全球189个国家（地区），年末境外企业资产总额近9万亿美元。对外直接投资存量29554亿美元。2023年中国企业对"一带一路"共建国家直接投资407.1亿美元，较上年增长31.5%，占当年对外直接投资流量的23%。2023年中国企业对"一带一路"共建国家实施并购项目111个，并购金额121.3亿美元，占并购总额的59%。2023年，中国对外直接投资涵盖了国民经济的18个行业门类，投资均超过百亿美元的行业有4个，其中流向租赁和商业服务的投资为541.7亿美元，位列行业之首，比上年增长24.6%，占当年流量总额的30.6%；流向批发零售的投资为388.2亿美元；流向制造业的投资为273.4亿美元；流向金融业的投资为182.2亿美元。2023年年末，地方企业对外非金融类直接投资存量达10099.8亿美元，占全国非金融类存量的38.4%。其中东部地区8349亿美元，占地方企业对外非金融类直接投资存量的82.7%；中部地区793亿美元，占7.9%；西部地区772.7亿美元，占7.6%。

在吸收外资方面，2023年，我国新设外商投资企业53766家，同比增长39.7%；2024年上半年，全国新设立外资企业近2.7万家，同比增长14.2%。跨国公司投资行业结构也不断优化。中国有强大的吸收外资的能力，外资投资的结构也在适当调整，这种变化与国内的产业升级和经济结构调整是分不开的。由前期的劳动密集型的外资投入转向为高端制造业和高科技产业的外资投入，外资投入由劳动密集向资本和技术密集型转变，这与出口市场疲软，生产成本的上升相联系。那些劳动密集型低端制造业，如鞋业、服装类等，则转而搬迁到低收入国家，如东南亚国家。外资研发中心也保持上升。2023年，高技术产业新设外商投资企业13758家，高技术产业引资规模达到4233.4亿元，占全国吸引外资比重37.3%，比2022年全年水平提升1.2个百分点，创历史新高，这对中国的转型升级和经济结构调整不无裨益。与此同时，中国吸收外资的地区结构也在发生变化。以往吸收外资最多的是东部地区，现在逐步向中、西部地区迁移，这是由于东部沿海地区生活水平和收入相对较高，生产成本攀升造成的。商务部统计数据显示，中国中西部地区开始成为外商投资新热点，除东部发达地区以外，跨国公司看好中西部地区的增长潜力，持续增加对中西部省份的投资。这对中国转型升级和经济结构调整有极大益处。

通过吸引外资和"走出去"战略的实施，中国企业在全球价值链中不断升级。在全球价值链的重要环节中，以往都是发达国家企业在控制，随着中国企业的发展，迅速加入全球价值链的重要环节，在全球价值链的深度和广度上，中国企业的参与都有所提升。通过在全球价值链中的升级，在吸引外资时，中国对外资的质量要求更高，更多技术含量高、科技创新能力强的外资被引入中国，可以实现国内增值。而在对外投资方面，随着中国产业升级，中国企业由传统的劳动密集型的出口活动、低附加值的出口活动向以高科技出口为导向的经济活动转变扩展。2023年，知识密集型服务进出口27193.7亿元，同比增长8.5%，其中，知识密集型服务出口15435.2亿元，增长9%。随着中国的转型升级，中国企业加大力度提高创新能力，加大对人、财、物的投入，这对中国企业的转型升级、在世界市场中的地位提升起到重要作用。与此同时，大量的外资引入，由低端向高端的价值链转移的外资投入，在合作合资过程中会提升中国企业的能力，外资企业将大量的生产经营模式留在了中国，这对中国企业的转型和在世界价值链中的地位提升有不可忽视的作用。

中国企业引进外资和对外投资方面都取得了惊人的成绩，但是问题依然存在，虽然中国企业在参与全球价值链环节在提升，但是从总体结构来看，全球性的大的跨国公司的地位依然很重要，他们利用全球产业布局和全球价值链实现对价值链的高附加值环节进行掌控。作为后来者的新兴市场企业依附性依然很高，中国也受到了全球大的跨国公司的钳制，在全球价值链中仍然是适应和参与者的角色，而并非能真正掌握之，从而掌握更多的市场和资源，提升企业的能力，在这些关键环节上仍然还有缺口，而填补这些缺口不是一朝一夕的事，中国企业还应该在不断引进外资中学习提高，提升企业的能力,更好地参与国际竞争。

具体的应对策略可以从以下内容来分析。在对外投资方面,原有的模式应该做相应的调整,这是当务之急,在对外投资时要掌握主控权,就要建立自己的全球价值链,而不仅仅是参与和适应大的跨国公司的全球价值链。在吸引外资方面,对外资的水平和质量应进行控制,引进那些技术含量较高、知识含量较高的服务业或高端制造业,这样才能帮助中国企业更有效地参与全球价值链竞争。具体的措施包括,在对外投资方面,要突破以往分散的、个别的、点对点的对外投资,要通过集群式的对外投资,在海外延长产业链,通过贸易、投资以及非股权模式等,以战略的眼光来看待全球资源,整合全球资源,在世界范围内配置和利用全球资源,建立中国企业自身的全球产业链,提高企业的竞争优势,推动国内产业升级。而在吸引外资时,应该进行外资的引导和转移,向知识和技术密集型的产业转移,以合作合资的方式来引进,建立海外企业的研发中心,真正利用好外资,实现中国企业的成长和能力的提升。引进外资和对外投资的目的可以交融,共同的目标就是实现自己"在全球建立产业链"这个宏伟目标,实现对世界市场和资源的掌控能力。

3.5.2 中国企业国际化阶段

1. 中国企业国际化经营的萌芽阶段(1979 年以前)

萌芽阶段的中国企业国际化,是以政府为主体组织的,是一种外交和国际政治的工具。大致在 20 世纪 50 年代初,这个时期发生的国际化,与企业跨国经营的真正意义有较大差别,表现在政府的对外技术和经济援助,主体并不是企业而是政府,也不以营利为目的,而是一种外交手段。但是这一阶段萌生了对外交流的想法,这种政府主导的劳务输出和对外承包工程以及对外技术经济援助,处于中国企业国际化的萌芽阶段,为后续的企业海外经营打下了基础,建立了重要的市场纽带关系,为企业打开国际市场做了铺垫。

随后，这种政府主导的劳务输出和对外技术经济援助以及对外承包工程范围不断扩大，这是在 1976 年以后发展的趋势。这一阶段的发展，为后续企业的海外投资活动迈出了重要一步。

2. 探索起步阶段（1979—1984 年）

这一阶段发生在中国的改革开放后，对外投资的主体由萌芽阶段的政府向国有企业转变。可见，改革开放与中国企业的海外投资活动是同步的。探索起步阶段，政府对企业的海外投资活动严格控制，虽然企业也享有一定的自主权，但改革开放初期，政府对企业海外投资活动的审批制度十分严格，步骤也很烦琐，对投资额不做限制，对出资形式也不做任何考虑，一律要求上报国务院审批。当时，只有一些进出口公司有资格进行外资活动，原对外经济贸易部下属的各省市的技术经济合作公司具备相应的外贸权。零星加工生产、资源的开发成为生产企业在海外投资的主要内容，业务主要是周边国家或地区，涉及的数量也不多，如中东地区、中国港澳地区等，业务形式比较初级，如劳务输出（少量）、营销渠道的建立、业务分包等，且以贸易为主，多是窗口企业、小型企业。为了规范中国企业海外投资，1984 年，中国政府颁布了正式文件，对审批的权限和程序做了明确的规定，以通知的形式发布。

3. 稳步推进阶段（1985—1991 年）

在这一阶段，中国政府对企业海外经营的管控相对放松，这与国家的宏观经济政策是分不开的。此时，中国已进入改革开放的大发展时期，以前统一由国务院审批的制度得到了改进，简化了部分审批手续，对有些企业的外贸审批权限也下放了，国务院各部委或省/市/自治区人民政府也可以审批，主要针对一般性投资项目，投资金额涉及 100 万美元以下的对外投资。在稳步推进阶段，除了审批程序的简化和权限的下放外，也放宽了对投资主体的限制，企业具备资金，在海外有合作对象，具备一定业务水平和技术能力的实体经济都可以对外投资，可以申请到境外办合资企业。在这一阶段，中国企业对外投资地域范围及对外投资规模不断扩大，行业领域也在逐步扩大，不再局限于对外承包工程、劳务输出或业务分包等，而逐渐涉及旅游、交通运输、采矿业、森林开发、远洋渔业、加工生产装配、金融保险等。在对外贸易的地域上不再局限于周边地区，而是向发展中国家散布，也有少数企业向发达国家开展外贸工作。截至1991年年底，中国企业的海外贸易分布于73个国家和地区。这一阶段，海外投资的企业数量攀升，在海外开业的有566家，占获批量的70%，不包括中国港澳地区，注册资本8853万美元，中方资本占67.4%，实际投资总额中，中方占77.5%，达1.86亿美元。这一阶段，中国政府对对外贸易的审批流程做了改变，建立了基础的中国对外投资管理系统。这个系统参与的文件是在1985年由对外经济贸易部发布的新规定，规定了审批程序及其管理办法。而对外投资管理系统的建立，具备了标准的审批流程，与以往独个申请的检查审批有质的改进。

4. 调整发展阶段（1992—2000年）

这一阶段是迅速发展阶段，中国企业跨国经营进入快车道发展行列。随着经济形势的发展，国内资源瓶颈、买方市场格局形成、产业结构急需调整等诸多新形势下的问题浮现，企业急需开发国际市场，扩大对外贸易。这一阶段的背景与整个宏观政策是相联系的。1992年，邓小平同志南方谈话，将中国的对外开放和经济体制改革推向更高阶段。有良好政策的促推，加上面临新经济背景的挑战，中国企业急需开拓国际市场解决当时面临的现实问题。在这一阶段走在前面的是相对优秀的企业或处于行业内领先的企业，他们纷纷到境外开办企业。这一阶段，除了国内政策的推动外，国际大背景（经济全球化的加速发展、新技术革命）也对中国企业的海外投资带来挑战，也产生了一定的推动作用。当时，信息技术飞速发展，新技术革命到来，世界产业结构出现调整和转移，世界各国的经济相互影响、不可分割，经济一体化飞速发展，国际资本市场空前活跃，世界贸易加速发展，是世界生产量的两倍，在此背景下，推动世界经济增长的主要动力就是国际直接投资。这些国际大背景给中国企业国际化带来巨大的市场机遇，也给中国企业国际化带来大量前所未有的挑战，如发达国家为了保护本国利益，在国际贸易过程中采取保护主义政策，这势必会对中国企业国际化产生排斥。而挑战与机遇并重，中国企业可以通过对外直接投资开拓国际市场，绕开发达国家的贸易壁垒，更好地进入当地市场，获取企业所需资源，弥补企业的不足。在对外投资的过程中，中国企业也可以积极利用外资，提高企业引进外资的水平，在对外投资方面在有比较优势的产业上发挥优势，提高中国在世界市场的地位，提高国际分工和交换的水平，提高企业的竞争力。这一阶段，原对外经济贸易部为了适应对外投资快速增长的需要，也做了相应的政策规定，起草文件，提高对中国企业海外投资的管理。

5. 积极推动阶段（2001年至今）

在这一阶段，中国政府大力推进中国企业海外投资，尤其是中国加入世界贸易组织，成为这一阶段的重要推力。事实也证明，在政府的大力推动下，中国企业的国际化已经进入较高的阶段，联合国《2003年世界投资报告》中列出了发展中国家经济体跨国公司TNI（Trade National Income，贸易国民收入）指数排名前50位的企业，中国中化集团公司（原中国化工进出口公司）跨国指数39.2%，位于第26位。中国中化集团公司成为这一阶段对外投资的代表和早期的典范。这一阶段中央提出"走出去"战略，在"走出去"战略实施过程中，也强调对外资的引进，实施两者齐步走的战略。鼓励能够发挥我国比较优势的对外投资，这是党的十五大报告明确指出的思路。这一阶段在政策的促推方面主要表现为以下内容。2001年提出的"十五"计划纲要定义了当时经济发展的三大支柱：对外贸易、走出去和利用外资。党的十六大于2002年11月召开，江泽民同志在《全面建设小康社会，开创中国特色社会主义事业新局面》的报告中强调，对外开放新阶段的重大举措是实施"走出去"战略，不再只强调引导国有企业"走出去"，而是倡导鼓励和支持各种所有制企业的对外直接投资。党的十七大在2007年10月召开，在《高举中国特色社会主义伟大旗帜，为夺取全面建设小康社会新胜利而奋斗》这一主题报告中，胡锦涛同志强调拓展对外开放的深度和广度，建立完善的开放经济体系，既要积极引进外资，也要鼓励企业开拓国际化市场。在党的十八大报告《坚定不移沿着中国特色社会主义道路前进，为全面建成小康社会而奋斗》中，胡锦涛同志强调要为中国企业走进国际市场提供政策保障，提出要全面提高开放型经济水平，建立健全社会主义市场经济体制，实现经济发展方式的快速转变，形成以品牌、技术、服务和质量为核心的出口竞争新优势。习近平同志在党的二十大报告中提出，必须完整、准确、全面贯彻新发展理念，坚持社会主义市场经济改革方向，坚持高水平对外开放，加快构建以国内大循环为主体、国内国际双循环相互促进的新发展格局。强调要构建高水平社会主义市场经济体制，建设现代化产业体系，促进区域协调发展，推进高水平对外开放，稳步扩大规则、规制、管理、标准等制度型开放，加快建设贸易强国，营造市场化、法治化、国际化一流营商环境，推动"一带一路"共建的高质量发展。

3.5.3 中国企业国际化特点

1. 起步晚，发展速度快

商务部统计数据显示，2023年，中国对外直接投资流量为1772.9亿美元，比2022年增长8.7%，占全球份额的11.4%，较2022年提升0.5个百分点，连续12年位列全球前三。2023年年末，中国对外直接投资存量为2.96万亿美元，连续七年排名全球前三。中国企业海外投资的快速发展状态与中国的"走出去"战略是分不开的。中国企业国际化的时间较之发达国家跨国企业开始的时间晚，但是发展势头迅猛。

2. 投资区域多元化，但国家（地区）高度集中

中国企业国际化在地理范围选择上，逐渐向制度距离较大、地理位置较远的国家或地区发展，而不局限于最初的制度相近、地理相邻的国家或地区，实现了投资区域的多元化。商务部数据显示，截至2023年年末，中国境内投资者共在全球 189 个国家和地区设立境外企业 4.8 万家，其中，在"一带一路"共建国家设立境外企业 1.7 万家。2023 年，多数境外企业盈利或盈亏平衡。中国对外直接投资统计公报显示，2023 年，中国对外直接投资近八成流向亚洲，比 2022 年增长了 13.9%，其中对东盟国家投资 251.2 亿美元，增长 34.7%。对非洲投资 39.6 亿美元，是 2022 年的 2.2 倍。2023 年，对"一带一路"共建国家直接投资 407.1 亿美元，较 2022 年增长 31.5%，占 2023 年对外直接投资流量的 23%。

3. 跨国并购领域广且金额大

中国企业的海外投资中，通过跨国并购的方式开拓国际市场，已经成为重要的投资方式。商务部数据显示，2023 年在全球外国直接投资（FDI）下降 2%、跨境并购规模为过去十年最低的情况下，中国对外直接投资增长 8.7%，实现平稳健康发展。安永发布的《2023 年中国海外投资概览》显示，2023 年，中国企业宣布的海外并购总额为 398.3 亿美元，同比增长 20.3%。交易金额超过 5 亿美元的大额海外并购较上年明显增多，共有 21 笔交易金额超过 5 亿美元的大额交易，按并购金额计，前三大热门行业为 TMT（科技、媒体和娱乐以及通信业）、先进制造业与运输业、医疗与生命科学行业，共占总并购额的 53%；按并购数量计，前三大热门行业为 TMT、先进制造业与运输业、金融服务业，共占总量的 55%。中国企业在"一带一路"共建国家的并购总额为 173.4 亿美元，同比增长 32.4%，占中国企业海外并购总额的 44%，在"一带一路"共建国家中，中国企业并购主要聚焦先进制造业与运输业、电力与公用事业以及 TMT 行业。亚洲连续第五年成为最受中国企业青睐的投资地区，新加坡、哈萨克斯坦、韩国和印度尼西亚上榜 2023 年中国企业前十大海外并购目的地；在欧洲，热门行业为 TMT、先进制造业与运输业以及医疗与生命科学行业，主要目的地为英国、德国、波兰和荷兰。这些数据和趋势反映了中国企业在全球市场的活跃度和投资方向，特别是在高科技和基础设施领域的投资增长显著。

4. 中国企业对外直接投资行业多元化

中国企业的对外直接投资几乎覆盖了国民经济所有行业类别，呈现多元化发展趋势，但是也有结构差别。中国对外投资的主要涉及行业有制造业、采矿业、交通运输业、商务服务业、批发零售业和金融业。且投资流向也在发生改变，向技术资本含量较高的价值链转移，而不再局限于低附加值的领域。

商务部数据显示，2023年中国对外直接投资涵盖国民经济18个行业门类，主要投向租赁和商务服务、批发零售、制造、金融四大领域，合计投资1385.1亿美元，占当年流量的78.1%。其中，对租赁和商务服务、批发和零售业的投资增长分别为24.6%和83.4%。此外，对建筑业、信息传输及软件和信息技术服务业的投资增长较快，分别为97.2%、34.9%。目前租赁和商务服务业是中国对外投资规模最大的行业，从构成看，租赁业占1%，商务服务业为主要领域。中国对外投资的商务服务业主要涉及投资管理、企业海外总部、市场管理、供应链管理等领域。最新统计显示，2024年3月末，中国金融机构对外直接投资资产规模达4131亿美元，占全部对外直接投资的比重稳定在14%左右，投资区域覆盖中国主要贸易投资伙伴。

5. 投资主体多元化

商务部数据显示，2023年中国对外直接投资存量中，对非金融类行业的统计数据显示，国有企业仅占52.2%，股份有限公司占10.7%，有限责任公司占11.2%，私营企业占7%，个体经营占4.7%，股份合作企业占0.4%，集体企业占0.4%等。从设立境外企业数量看，地方企业占87.4%，中央企业和单位仅占12.6%，广东省是拥有境外投资企业数量最多的省份，占境外企业总数的19%，其次为浙江，占10.9%，第三是上海，占10.2%。

3.5.4 中国企业国际化未来发展趋势

中国企业的国际化，从国有企业起步，伴随着改革开放逐步发展起来，

发展状况与国家的政策、制度变化呈现正相关性。经营主体的变化体现了中国国有经济体制改革的历程，国际化经营的目标，源于现代化建设和改革开放后我国经济发展的要求。历史目标依次为：寻求经济要素的互补，实现两种资源两个市场的利用；适应经济全球化发展；参与全球资源配置和国际竞争。这也决定了其发展行业、地域和方式的历史抉择及其变化取向。中国企业在国际化过程中，阶段形式都在发生变化，向更加高级的跨国企业阶段过渡，从战略的视角来整合全球资源，摆脱较低层次的国际化，这是中国企业国际化的未来目标。但需要政府和企业双方的互动：政府方面，由于中国并不存在西方那种自发型、内生型的市场经济，中国的政府和市场一直存在着高度亲和关系，这决定了中国政府在企业国际化中的重要作用。放眼世界经济领域，政府的地位不容忽视，而且在企业国际化过程中起着较重要的引导和支撑作用。企业方面，全球化可以指引企业发展；而企业在国际化过程中，在经济结构选择、研究开发、海外融资、管理体制、人力资源等方面要根据企业自身情况做出战略选择。

3.6　本章小结

本章首先研究了新兴市场企业国际化现状、阶段，并将新兴市场企业与传统的跨国企业做了比较分析，新兴市场企业国际化呈现出新兴市场国家对外直接投资规模迅速扩大，但其在世界对外直接投资中所占的比重还比较低，新兴市场企业国际化主体构成相对集中，投资流向主要是区内投资，逆向投资有所增加，直接外资收益逐渐升高等新特征。

本章再以中国这一典型的新兴市场为出发点展开研究，对中国企业国际化的特征做了总结归纳，包括投资主体、区域和行业的多元化，对外投资起步较晚但是发展迅速，跨国并购领域广且金额大等特征，分析了中国企业国际化的几个阶段，做了各个阶段的比较和归纳，最后分析了中国企业国际化发展的未来趋势。

第 4 章
新兴市场企业国际化动因、路径与绩效：对中国企业的案例研究

4.1 理论基础

国际化进程理论认为企业国际化经营遵循由近及远的"心理距离"的模式，国际化早期阶段，向周边国家扩张，慢慢向制度距离较远的国家或地区投资，而且在进入模式上也是由早期的出口再过渡到海外投资办厂，资源投入由低到高。美国密歇根大学的 Cavusgil 教授在 1980 年和 1982 年发布的企业国际化的五阶段理论，对企业国际化阶段做了以下解释：前期主要是国内市场营销及巩固阶段，当国内市场巩固后，企业对国际化经营开始感兴趣，随之进入国际化经营前准备阶段，着手对国际市场进行调查，关注其他企业的国际化行为，这一阶段开始有零星出口，下一步就是通过代理间接出口，此时的国际化经营活动是小范围的，即企业进入探索性并积累相关知识的阶段，然后是直接出口阶段，此时企业具备了一定的国际化经营的经验和知识，最后进入国际化高级阶段，企业可以在全球范围内整合资源，在制定企业战略规划时考虑到全球各目标市场。Cavusgil 这一观点与国际化阶段模型也有相似之处，如对进入方式的考虑上，从资源投入由较少到更多的方式过渡。随后，Benito（1992）、Bonaccorsi（1992）、Ali（1993）等学者也对国际化阶段模型进行了检验，表明这一理论的普适性。Henoch R. Snuif and Peter S. Zwart（2000）则研究了中小企业的国际化阶段原理，包括 5 个阶段：国内市场、出口前、尝试出口、积极出口和承诺，同样认为中小企业国际化阶段与国际化阶段模型相似。

随着发展中国家企业国际化的兴起（20 世纪七八十年代），来自新兴市场的跨国企业也在全球经济中越来越活跃，它们甚至以更加激进的方式进入发达国家获取资源，这对传统的国际化进程理论提出了挑战。有些学者也认识到了这些问题，开展了相应的研究，试图提高理论的普适性，具有代表性的观点如 Mathews 在 2006 年提出的 LLL 模式，Luo 在 2007 年提出的跳板学说等。尽管如此，针对发展中国家企业尤其是新兴市场企业的跨国经营理论体系还不成熟，系统性不强。

本章以国际化进程理论为基础，试图形成桥接作用于本章的理论框架，探讨新兴市场企业在哪些因素的驱动下开展国际化经营，其在国际化过程中的路径选择与以往主流研究是否一致，这些对企业国际化经营绩效的意义何在。为了更好地解答这些问题，本章采用了对典型企业进行访谈的方式，获取一手资料，进行多案例探索性研究。

4.2 研究设计

4.2.1 研究方法

本章采用多案例研究的方法。Yin（1994）认为，案例研究最适合"怎么样"和"为什么"两类研究问题，本章解决的是"怎么样"的问题，用案例研究是合适的。对搜集的案例资料进行案例内或案例间的推导，提炼出相应的理论论点。形成理论观点时应该反复对数据资料、理论文献和形成的构念进行循环，案例研究应该遵行规范的模式。案例研究对产生理论和对理论验证做出了贡献。Chandler（1962）、Yin（1994）还认为，案例研究的一个重要优势就是有机会收集不同的证据来展示整个事件丰富的画面。本章采用扎根理论规范的案例研究方法，对资料进行编码研究，做探讨性分析。

4.2.2 研究样本

1. 样本选取

本章选取潍柴动力、三一重工、北一机床、沈阳机床和大连机床五个样本做案例分析。就企业本身而言，五家企业的国际化可以代表一类具有共同特征的企业的国际化，例如寻求广阔的市场空间，五家企业在国内市场地位趋于稳定，通过国际化经营开拓国际大市场；与此同时，五家企业都是技术密集型企业，在进行国际化经营过程中采取了合资、合作和独资等形式进入国际市场，获取重要的外部资源和技术，它们的国际化能代表新兴市场绝大多数已经着手国际化的企业的海外经营状况。由于国际化道路的复杂性，而新兴市场企业国际化还处于起步阶段，决定了其在国际化经营的时候面临多重压力，势必对企业的经营绩效产生影响。对潍柴动力、三一重工、北一机床、沈阳机床和大连机床的国际化动因、程度与绩效的研究能代表众多来自中国乃至其他新兴市场的国际企业的海外经营的动因、程度和绩效。

2. 案例企业简介

潍柴动力成立于2002年，由潍柴控股集团有限公司作为主发起人、联合境内外投资者创建而成，业务主要有汽车零部件、商用车和动力总成。潍柴动力先在中国香港上市，再在A股上市。2013年，企业实现销售收入583亿元，利润总额46.1亿元；2012年，潍柴动力海外销售收入超过32亿元，比上年同期增长14.9%。潍柴动力的海外经营地域范围较广，公司业务涉及一百多个国家或地区，表4-1是其国际化关键事件。

表4-1 潍柴动力国际化关键事件

时间	关键事件
2006年	潍柴动力被授牌为中国首批汽车零部件出口基地企业
2009年	潍柴动力迈出了海外收购的第一步，购买博杜安（法国）的资产

续 表

时间	关键事件
2012 年	潍柴动力宣布正式将全球第二大工业用叉车制造商凯傲集团 5%的股权收入囊中,同时买下凯傲集团旗下林德液压公司 70%的股权,本次交易共涉及 7.38 亿欧元,成为中资企业有史以来在德国的最大一笔投资案
2013 年 6 月	凯傲集团公司在德国法兰克福证券交易所成功挂牌交易。潍柴动力股份有限公司通过行使凯傲认购期权进一步增持凯傲股权,达到其上市后总股本的 30%
2013 年 12 月	潍柴动力与 AVL 李斯特公司在山东潍坊签署战略合作协议
2014 年	潍柴动力(000338)公告,公司透过间接全资子公司"潍柴卢森堡"持有德国法兰克福证券交易所上市公司"凯傲公司"已发行的 33.3%的股份

资料来源:根据公司网站和《中国企业家》整理

三一重工由三一集团于 1994 年投资创建于湖南,现总部位于北京。其前身可追溯到 1989 年的涟源焊接材料总厂。主要业务是装备制造业,主导产品包括混凝土机械、挖掘机械、起重机械、筑路机械、桩工机械等全系列产品。2003 年 7 月 3 日,在上海 A 股上市。2013 年,三一重工全年海外销售收入 108.74 亿元,增长 24.42%,出口增长率行业第一。表 4-2 是其国际化关键事件。

表 4-2 三一重工国际化关键事件

时间	关键事件
2002 年	三一重工开启国际化征程,产品出口到非洲
2006 年	三一重工在印度投建第一个海外研发和制造基地
2007 年	三一重工进军美国,投建第二个海外研发和制造基地
2009 年	三一重工与德国北威州正式签署投资协议,将在北威州下属的贝德堡市投资 1 亿欧元,建设研发中心和机械制造基地
2010 年	三一重工在巴西建立生产中心

续　表

时间	关键事件
2012 年	三一重工收购德国普茨迈斯特公司，持有其 90% 股权
2013 年	三一重工持有帕尔菲格 10%股份

资料来源：根据公司网站和《中国企业家》整理

1949 年，北京第一机床厂成立，以下简称北一机床，其行业属性为装备制造。北一机床设计的机床品种达 500 多个，在海外业务经营涉及的国家或地区达 50 多个，有两家海外子公司（全资），表 4-3 是其国际化关键事件。

表 4-3　北一机床国际化关键事件

时间	关键事件
2003 年	北京北一机床股份有限公司（原北京第一机床厂）和日本大隈株式会社共同出资组建了北一大隈（北京）机床有限公司
2004 年	与日本精机设计公司合资设立了北一精机（北京）设计公司
2005 年	企业全资收购阿道夫·瓦德里希科堡机床厂有限两合公司
2006 年	与法国 Fabricom 公司合资成立了北京北一法康生产线有限公司
2011 年 7 月	北一机床与韩国 DSK 机械有限责任公司共同出资设立北京北一德思凯机床工程技术有限公司
2011 年 11 月	北一机床全资收购 C. B. Ferrari 公司

资料来源：根据公司网站整理

1995 年，经过资产重组后的沈阳机床（集团）有限责任公司成立，本章称为沈阳机床。1996 年，公司在深圳交易所上市，沈阳机床的销量在国内同行业中居高位。沈阳机床注重创新，在德国进行机床结构设计，其海外经营涉及的国家超过八十个，初步建立了以德国和美国为中心区的全球营销网络结构体系。表 4-4 是其国际化关键事件。

表 4-4　沈阳机床国际化关键事件

时间	关键事件
2004 年	迈开国际化经营步伐，并购了德国希斯，重组 CY 集团（云南）
2005 年	产品开始向行业内较先进和发达的国家出品，海外市场销售额突破 5000 万美元，为五年前的 11 倍
2006 年	被德国某州政府授予"经济奖"
2010 年	向全球招商 OEM 项目，产业集群形成
2012 年	上榜 2012 年中国新兴跨国公司 50 强及 2012 中国装备制造业企业社会责任履行者典范企业
2012 年	诞生了世界上首台具有网络智能功能的 i5 数控系统，中德联合设计 viva t2/t4，asca 系列重大型产品的技术设计及样机试制，不仅攻克了重大型产品的关键技术难题，更掌握了德国的先进制造技术，实现"德国质量，中国制造"

资料来源：根据公司网站整理

1948 年，大连机床集团有限责任公司成立，以下简称大连机床。公司在德国和美国分别设有技术中心，形成了有特色的集成创新型企业。大连机床拥有控股子公司四十多个，合资公司八个。大连机床的海外业务范围很广，在超过一百多个国家或地区开展业务。2009 年，大连机床实现产品产值 85 亿元人民币，实现销售收入 105 亿元人民币，实现利税 6.15 亿元人民币，出口 5440 万美元。2015 年，大连机床通过"走出去"的新模式，在俄罗斯、加勒比海、南美等国家和地区实现总收入 20%~27% 的提高。此后，大连机床还在南美、中东、亚洲及其他地区陆续建立工厂。表 4-5 是其国际化关键事件。

表 4-5　大连机床国际化关键事件

时间	关键事件
2002 年	并购英格索尔（生产制造系统），这在机床行业具有开创性的意义
2003 年	并购英格索尔（曲轴加工系统）
2004 年	以 70% 股权的方式对兹默曼公司实行并购

续 表

时间	关键事件
2008 年	集团公司进入"世界机械 500 强",排名 462 位
2009 年	面对经济危机的影响,积极拓展国内外市场,在项目承接、产品研发、物流改造、生产制造、质量控制、企业管理等方面取得了一定成效

资料来源:根据公司网站整理

4.2.3 数据收集和分析策略

本研究严格遵守 Yin(2002)、Pan and Tan(2011)的案例研究的流程,并在进行案例资料收集和分析的过程中反复循环,以便更好地提炼出观点。在理论回顾阶段,收集并研讨了新兴市场企业国际化的动因、路径与绩效理论的相关文献,确定研究问题;设计访谈提纲,形成本章案例研究的草案设计;在数据收集阶段,采取正式和非正式访谈、公司内部文档资料、文献资料等多渠道收集的案例企业的资料。Glaser and Strauss(1967)为了获得对研究现象多视角的描述,建议使用多种来源数据,Yin(1994,2003)提出用三角测量的方式来解决构念效度的问题,从而避免偏见,多渠道收集数据资料,达到相互印证的过程,提炼出有价值的构念。本研究主要通过深度访谈获取一手资料,通过公司的实地调研获取公司的内部文档资料和实物证据;本研究还收集多种来源的公共数据,包括公司年报、公司网站信息、权威媒体报道、中外文学术文献数据库。Yin(1994,2003)指出,访谈是找合适的人和合适的方法收集信息与数据,本研究的访谈对象主要是了解该企业国际化经营的管理人员、技术人员、国际业务部相关人员等,以便访谈工作更好地展开和收集到更多有利于研究的数据信息。具体的访谈对象和访谈主要内容情况见表 4-6,非正式访谈主要是访谈后针对有疑问的地方与企业管理层再次确认,为了确保对收集的资料有更加深入的理解,对访谈记录在访谈后的 12 小时内做了梳理和分析。

表 4-6 访谈数据来源

企业名称	访谈类型	访谈时间	被访谈者	主要访谈内容
北一机床	正式访谈	半天（上午）	公司党委书记、总工程师、办公室主任	公司发展战略、国际化经营状况、技术研发情况、企业绩效情况等
三一重工	正式访谈	半天（上午）	投资部部长、董事长办公室人员	公司发展战略、国际化经营状况、技术研发情况、企业绩效情况等
潍柴动力	正式访谈	半天（上午）	总经理、投资管理部部长、战略与国际部经理	公司发展战略、国际化经营状况、技术研发情况、企业绩效情况等
沈阳机床	正式访谈	半天（上午）	财务总监助理、资本运营部投资经理	公司发展战略、国际化经营状况、技术研发情况、企业绩效情况等
大连机床	正式访谈	半天（上午）	总裁助理	公司发展战略、国际化经营状况、技术研发情况、企业绩效情况等

4.2.4 研究品质

本研究的研究品质可以从信度和效度两个方面来保证。首先是信度的保证，本章在研究方法上选取规范的扎根理论的方法，严格按照扎根理论的研究程序来进行，对数据资料做了开放性译码、主轴译码和选择性译码（斯特劳斯和科尔宾，1997）；其次是效度的保证，如前文数据收集和分析策略里提到的，本章保证了数据的三角来源：本研究主要通过深度访谈获取一手资料，通过公司的实地调研获取公司的内部文档资料和实物证据，本研究还收集多种来源的公共数据，包括公司年报、公司网站信息、权威媒体报道、中外文学术文献数据库。

4.3 数据分析过程

在数据分析过程中，遵循多案例研究方法，采用多案例逐项复制的方法，进行详尽的单案例分析。本研究选取北一机床作为分析的起点，在单案例研究的基础上，对潍柴动力、三一重工、沈阳机床和大连机床进行逐一译码分析。

4.3.1 北一机床的单案例分析

1. 开放性译码

这一译码过程是将资料打散，再进行比较，定义现象即贴标签和概念化，然后发掘范畴即概念整合，这一系列过程形成了开放性译码（斯特劳斯和科尔宾，1997；陈向明，2000）。斯特劳斯和科尔宾（1997）定义现象具体内容包括，将资料分解，再将这些分解后的独立的事件命名，这一过程包括了贴标签和概念化两个步骤；定义现象后的下一步是发掘范畴，这一过程是对定义现象阶段形成的概念聚合的过程，并为这些范畴命名以发展新的面向（它是范畴在连续系统上的不同位置）。

依据扎根理论的开放式译码流程（斯特劳斯和科尔宾，1997），本章在单案例研究阶段先对北一机床案例资料进行开放性译码，详细的译码资料和过程见表4-7。第一步是贴标签的过程，在这个过程中主要将资料内容中与企业国际化市场、资源和技术等动因相关的内容做标记，将资料内容中与国际化路径和国际化绩效相关的内容做标记，对表述复杂的资料做了简化提炼（译码前缀为"a"），在这一过程中共建立了45个标签；而第二步是将第一步的标签归类的过程，即概念化，在归类时按现象相同性做分类（译码前缀为"A"），并发展完整的概念定义这些标签，由此，我们共获得了36个概念；第三步，"范畴化"，进一步对概念进行相似性归类（译码前缀为"AA"），共新建 29 个范畴。经过这一过程，最终得到描述北一机床案例中涉及国际化动因、程度和绩效的 45 个标签和 36 个概念以及 29 个范畴。

表 4-7 北一机床开放性译码示例

案例资料	开放性译码		
	贴标签	概念化	范畴化
中国机床行业和国外差异太大了	a1 行业差异	A1 欠缺行业领先的管理、技术	AA1 欠缺行业领先管理、技术
总体来说我国机床行业与国外机床行业相比，无论是从管理上还是技术上都有较大差距	a2 机床行业差距		
你们的技术差异……	a3 技术差异	A2 存在技术差距	
发觉很多企业缺设计，特别是缺乏经典设计	a4 设计不足	A3 设计不足	AA2 设计不足
我们的工艺制造能力是缺失的，同样的图纸，国外会做得很好，而我们却做不好，就是这个问题了	a5 制造能力缺失	A4 制造能力缺失	AA3 制造能力缺失
后来觉得我们的制造环境品质不行，我们的制造设备不行	a6 品质设备差异	A5 品质设备不足	AA4 品质设备不足
我们对国外事业的了解、国际市场的运作能力都不足	a7 市场运作能力不足	A6 市场运作能力差距	AA5 市场运作能力不足
原来我们认为是在厂房、在设备上有差距，现在感觉是人的差距，这个差距准确地说不是一年两年能改善的，有可能十年，甚至更长的时间，才能全部改善	a8 人才差异	A7 人才缺失	AA6 员工素质不高
人的素质、敬业程度、技能水平都不足，所以我们现在一直在困惑：科堡的东西拿过来，由我们的员工来做，就达不到科堡的那种品质了	a9 员工素质不高、技能不足	A8 员工素质不高	
制造能力跟不上，我们制造能力跟不上主要是因为员工素质。	a10 员工素质不高		

续　表

案例资料	开放性译码		
	贴标签	概念化	范畴化
……	……	……	……
日本工厂的工作流程做得很好，当一个工具放到机床上进行加工的时候，工人会马上把上一个工作数据记录下来，然后卸下已完成的零件，同时立马把另外准备加工的零件调过来。之后马上做好清理，做好准备。他说我感觉我所要的一切就在身边。这种劳动习惯、劳动环境挺好。我们从日本获得的感受是，一个企业如果工作很顺利，生产速度就会很快，工厂的工作流程、环境都是要配套来做的。	a37 学习工艺流程	A28 学习工艺流程	AA21 学习工艺流程
我们也派员工到大隈去学习、去对接，当日本市场好的时候我们派了一些员工到日本工作半年，一是解决了我们的劳动问题，二是培训一下我们的员工，适应大隈的一些要求。我们派了三拨人，每次待半年	a38 员工的培训学习	A29 外派培训员工	AA22 外派培训员工
利用国外资源	a39 获取资源	A30 获取资源	AA23 获取资源
"买个团队能够持续不断地发展"	a40 获取长远绩效	A31 获取长期利益	AA24 获取长期利益
这是我们并购案例中一个非常成功的例子。在10年间并购的企业当中，科堡的并购是非常成功的	a41 并购成功	A32 并购成功	AA25 并购成功
干脆找一个企业合资吧，我们学学人家怎么做。后来就选中了大隈……股份占51%就51%吧，至少企业模式留在中国了，生产模式留在中国了……如果和科堡并购不成功，我们能不能合资，由我们建设重型厂房	a42 合资到收购	A33 国际化阶段提升	AA26 国际化阶段提升

续 表

案例资料	开放性译码		
	贴标签	概念化	范畴化
科堡的并购是我们第一次并购,控股公司很担心,怕步子迈得太大。和大隈合资步子也迈得太大,合资毕竟是让对方占便宜了,但我们确实也学到东西了,这些收获看得见,也守得住	a43 加速国际化进程	A34 加速国际化进程	AA27 加速国际化进程
……所以第一步确实很难迈出……有了第一个科堡的成功,后面就比较顺利了……	a44 国际化范围逐步扩大	A35 国际化范围逐步扩大	AA28 扩大国际化范围
除了北一机床,其实大家都希望在尽可能短的时间内进行跨越式发展,心情都是一样的。	a45 实现跨越式发展	A36 实现跨越式发展	AA29 实现跨越式发展

2. 主轴译码

Corbin and Strauss（1990）采用条件—行动—结果这一模式将范畴与副范畴进行连接的过程就是主轴译码的过程。现象发生的情境就是条件,而针对这一情境做出相应的处理和行动就是副范畴的行动策略,这一行动产生的结果也即副范畴的结果,而且副范畴里形成的结果也可以转化为另一组行动发生的条件。比如,开放性译码形成的"欠缺行业领先管理、技术""寻求团队、借力发展""提升行业地位"等初始范畴,可以在条件—行动—结果模式模型下整合为一条完整的"轴线"：北一机床在国际化过程中,欠缺行业领先管理、技术,采取寻求团队,借力发展,从而提升行业地位。通过条件—行动—结果模式形成的这几个副范畴可被纳入一个主范畴——"寻求团队"。通过这个过程,最终将29个副范畴归纳到8个主范畴之中,见表4-8。

表 4-8 北一机床主轴译码

主范畴	副范畴		
	条件	行动/互动策略	结果
寻求团队	欠缺行业领先管理、技术……	寻求团队、借力发展	提升行业地位

续 表

主范畴	副范畴		
	条件	行动/互动策略	结果
设计新产品	设计不足	委托设计新产品	获取一流设计
提升制造能力	制造能力缺失	提升制造能力	提升创新能力
寻求市场	市场运作能力不足	寻求品牌、技术、市场、寻求国际市场	获取市场
获取长期绩效	员工素质不高	外派培训员工	获取长期利益
寻求技术	欠缺行业领先技术	寻求技术	引进技术
获取资源、品牌	品质设备不足	获取资源、寻求品牌	并购成功、获取品牌
国际化路径提升	企业竞争力不强，发展速度慢	扩大国际化范围、加速国际化进程、国际化阶段提升	实现跨越式发展

3. 选择性译码

斯特劳斯和科尔宾（1997）认为这是一个选择核心范畴，并借由条件—行动—结果模式将其与其他范畴联系，对它们的关系做验证，对开放性译码阶段没有概念化完备的范畴做相应的补充的过程，这一完整的过程即选择性译码过程。这一译码过程首先要形成故事线，这个故事线可以用来简要说明所有现象的核心，依托于开放性译码和主轴译码阶段已经形成的范畴、关系等来考虑，下一步就是再根据条件—行动—结果模式将前一阶段形成的核心范畴与其他范畴相联系。通过进一步将主轴译码阶段形成的 8 个主范畴与已有理论进行比较，我们发现"寻求团队""获取资源、品牌"等反映的是寻求资源，本章将其归入"寻求资源"这一范畴，同理，"设计新产品""提升制造能力""寻求技术"归为"寻求技术"这一范畴。基于此，我们可以得到北一机床如下的故事线：北一机床在发展过程中主动寻求市场、技术和资源，开展国际化经营，在国际化过程中不断扩大国际化范围、提升国际化阶段和速度，从而获取长期绩效。形成这一过程里的故事线后，下一步就是根据条件—行动—结果模式将所形成的核心范畴与其他范畴进行联系的过程。

北一机床详细的选择性译码过程见表4-9。

表4-9 北一机床选择性译码

条件	行动/互动策略	结果
寻求市场 寻求技术（技术、设计、制造等） 寻求资源（团队、品牌）	国际化路径提升 （范围、速度和阶段）	获取长期绩效

4.3.2 多案例分析

对后续的四个案例潍柴动力、三一重工、沈阳机床和大连机床分析时，采用相同的方法，严格按照斯特劳斯和科尔宾提出的译码流程来分析。刘志成和吴能全（2012）先做单案例译码分析，形成概念和范畴，这些会对后续的多案例复制研究时有指导。由于方法相似，内容不同，因而会在多案例研究时产生新的概念和范畴，这会对已经形成的概念和范畴有补充和修正作用，这一过程的循环，能使案例研究形成的构念更加清晰和确定。本章在对潍柴动力和大连机床做译码分析时，还出现了一些新的范畴和面向，见表4-10。

通过对潍柴动力、三一重工、沈阳机床和大连机床的分析，我们进一步清晰和明确了对北一机床分析时提炼出的范畴和面向。我们还运用刘志成和吴能全（2012）对多案例复制研究的方法，对单案例和后续四个案例的译码研究形成的范畴和面向做了进一步提炼和整合，包括命名和措辞等，通过这一规范的过程，我们得到了12个主范畴，5个要素，这些要素是构成核心范畴的要素。12个主范畴分别是："寻求团队""设计新产品""提升制造能力""寻求市场""获取长期绩效""寻求技术""获取资源、品牌""获取脑袋里的技术""国际化路径提升""绩效提升的长期性""加深国际化""获取和引进创新性人力资源"，5个要素分别是：寻求市场、寻求技术、寻求资源、提升国际化路径、获取绩效。

表 4-10 对后续四个案例译码分析得到的新范畴和新面向

案例	新范畴	新面向
潍柴动力	获取脑袋里的技术、绩效提升的长期性、加深国际化、获取和引进创新型人力资源	面临人才瓶颈、团队交流不足、外派技术人员培训学习、技术人员的外派培训、人员交流学习、投入大量科技人员、技术思维模式的创新、获取新思路、获取脑袋里技术、价值产生的长期角度、后续整合问题、经济绩效产生的长期角度、加深国际化
大连机床	核心技术的消化吸收、市场辐射、产品定位清晰、产品领先	资本换技术、技术换市场、产品本土化、产品国际化、制度约束、面临技术保护瓶颈
沈阳机床	无	无
三一重工	无	无

4.4 研究发现

通过上述探索性案例分析，结合国际化进程理论，我们可以从以下几个方面来分析新兴市场企业国际化动因、路径和绩效。

4.4.1 新兴市场企业国际化动因

基于国际化进程理论，Cavusgil（1980）以及 Czinkota（1982）研究认为，企业的国际化受到一系列因素的影响而展开，这些因素都是与创新相关的因素，可以从企业内外两方面来分析。企业内部如企业的制度创新会带动企业国际化经营，而市场结构的新变化却是促进企业开展国际化经营的外部动力，而这些内外的能推动企业国际化的创新因素与企业国际化的阶段密切相关，国际化进程理论支持企业国际化经营以外部市场为驱动力。发达国家跨国企业国际化的研究是以垄断优势为前提的，企业在开展对外投资前应该具备相应的优势，才能在国际竞争中与当地企业抗衡，取得竞争优势。然而新兴市场跨国企业在国际化过程中并不具备技术、知识、能力、资源等绝对优势，它们在国际化过程中往往是以获取这些优势为目的，而不是建立在已有的优势基础上。

本研究在扎根分析过程中发现中国企业国际化驱动因素有诸多共同点。企业国际化以获取市场、资源、技术和战略资产，并以此作为跳板，提升国际化水平，这与 Luo and Tung（2007）提出的跳板学说一致，因此我们有理由认为，这些共同点构成了新兴市场企业国际化驱动因素。如北一机床的总工程师说道："当时我们是第一次来和科堡进行合作，双方合作得很好，尽管他也知道我们在学习他的技术……第二个项目是北京现代汽车，要用我们机床，这样我们肯定要掌握到一些技术……"北一机床与科堡的合作，有效提升了北一机床的技术水平和在世界机床行业的竞争地位。潍柴动力总经理也指出："对方的需求和我们的需求是吻合的，我们可以买他的一部分资产，也就是液压，降低了对方的负债率。双方的目标是一样的。"潍柴动力通过购买目标企业的先进资产，达到了企业提升技术的目的。沈阳机床的财务总监助理谈到："如果从发展策略来讲，一个工业企业如果没有核心技术，未来就没有那么好的前景……"沈阳机床对希斯的跨国并购主要目的就是获取希斯的研究技术。大连机床总裁助理也提到："收购英格索尔曲轴生产系统的目的就是为了技术，缩短我们自身差距……2002年收购英格索尔的生产系统的公司，也是完全出于对技术的需求"大连机床对发达国家企业的先进战略资产的并购主要目的同样是获取目标的先进技术。可见，通过开展国际合作，案例企业从海外获取核心技术是企业国际化经营的关键驱动因素。三一重工投资部部长提到："制造是一个系统，虽说图纸支撑工艺，但是功能出了问题，照样生产不好，因为生产环境是一个整体的系统。"可见在国际化过程中，企业也在寻求如何改进产品的生产制造过程。如大连机床总裁助理谈到："整个组装的工艺、流程、工艺水平、工艺经验，已经一点点被我们接受并掌握了。"大连机床在并购目标企业的先进战略资产后，注重对技术的消化吸收，形成了自身的技术能力。潍柴动力总经理还提到："IP 是写在纸上的，但更多是在脑子里的。写在纸上，读了以后并不一定能够实现，只有真正了解它的人，才能把它识别出来，这才是最重要的……全部引进过来以后，这种创新机制保持得比较好。"可见脑袋里的技术也是企业国际化过程中想获取的。根据 Zahra（2000）的研究，我们将案例研究里得到的寻求技术、改进产品制造流程、获取脑袋里的技术、改进产品的开发、设计新产品等主范畴统一归纳为寻求技术。因此，我们认为，在企业国际化过程中，寻求技术是新兴市场企业国际化经营的驱动因素。我们还发现，作为后发企业的新兴市场跨国企业，并不是简单地跟随发达国家技术发展的路径，而是在企业技术积累到一定阶段后以海外并购的形式实现跨越式追赶。如北一机床的总工程师就说道："在 2005 年才并购成功，两家企业通过并购实现了优势互补、技术提升。促进了两国在机床产业上的合作和发展。这是一个非常好的基础，技术上有很大的提升。"北一机床拥有强烈的追赶意愿，同时具备互补的技术，共同促使企业采用激进冒险的海外并购战略，快速提升技术，实现追赶。大连机床总裁助理谈到："我们跟对方加工同样型号的产品，到后期，我们生产的精度远远超过其本国生产的精度，实质上我们掌握了整个工艺。"大连机床非常重视对技术的消化吸收，实现技术的赶超。三一重工投资部部长提到"（核心技术）有很大突破，包括高强度钢。以前从日本进口至少两千亿单，突破以后现在只需要几千万单，大幅度降低了我们的产品成本。我们实现了全部自主研发，现在液压、高强度钢、油缸、马达都自产了。"三一重工注重对核心技术的消化吸收，逐步形成了自身的研究能力。沈阳机床的财务总监助理谈到："我们在核心技术上弯道超车，突破了以后，下一步的问题就是要持续创新，要贴近客户需求去做。"潍柴动力总经理还提到："我们走了一条引进消化吸收再创造的路。经过这个阶段，到现在，这个排量的发动机,我们已经是全世界产量最多的。"可见,新兴市场企业在国际化过程中,拥有强烈的追赶意愿,通过并购发达国家的创造性资产,特别是研发能力,获取核心技术,采取引进、消化、吸收、创新来实现赶超。而技术的提升带来的是企业国际化经营绩效的提升。北一机床总工程师提到"在10年间并购的企业当中,科堡这个并购是非常成功的。"沈阳机床财务总监助理谈到:"并购现在越来越良性,呈现了一个良性发展的轨道。"由此可见,案例企业开展国际化经营取得明显的成效。因此,我们得出以下命题:

命题一:为了弥补后发企业面临的技术瓶颈,新兴市场企业通过跨国并购发达国家的创造性资产以获取核心技术,特别是研发能力,而注重对技术的消化吸收,实现企业可持续的技术创新能力,能够助力新兴市场企业实现技术追赶,提升企业的能力和国际竞争力。

在对案例进行扎根分析中,也搜集到一些反映企业海外经营战略资源寻求动因的证据。早期的发展中国家跨国企业理论遵循资产利用逻辑,而新兴市场跨国企业的国际扩张证据显示,作为后发企业,却不屈从于现有的格局,突破路径依赖,实现技术追赶,与发达国家跨国企业抗争,不再依赖于已拥有的资源,而是将国际扩张作为获取战略资源的跳板,通过收购或者购买成熟的跨国公司的关键资产克服后发劣势(Luo & Tung,2007;Child,2005,Mathews,2002,Goldstein,2007)。Deng(2009)指出,新兴市场企业在国际化初期阶段和国际化经验不足时采取激进的国际化进入方式,加速国际化。如三一重工投资部部长提到:"我们在2012年并购了普茨迈斯特(大象),它60多年一直专注在混凝土机械这个利基行业里。我们公司最核心、最拳头的产品也是混凝土机械,走向海外的时候也是以混凝土机械作为领头的产品去攻向这个市场……我们并购普茨迈斯特以后借助了它的销售网络,尤其是在发达国家的成熟的销售网络。现在,混凝土机械领域,以普茨迈斯特为主,因为作为全球最知名的混凝土机械生产商,普茨迈斯特这个品牌被我们保留了下来。"可见,通过并购发达国家先进资产获取品牌和渠道资源是企业开展国际化经营的动力。大连机床的总裁助理也谈到:"(英格索尔)是一个有品牌的企业,它的主要客户是通用、福特,通过与它有长期合作关系的老公司,每年都可以承接一些订单。"大连机床也意图借力目标企业的品牌优势发展自己。潍柴动力总经理说道:"……我觉得不应该叫人才,应该叫引进团队。"大连机床的总裁助理也谈到:"下一步当我们的技术达到一定程度,又有一定资本实力了,就会走出去用它的人才。"沈阳机床财务总监助理说道:"我们跟外方的协同,关键的地方就是用他们的人。"可见,引进及获取人才和团队也是新兴市场企业开展国际化经营的动因之一。Kim(1980)也概括了企业海外经营的资源寻求型动因。我们将研究里得到的主范畴:寻求品牌和渠道资源、整合全球资源、获取人才等归纳为寻求资源。因此,我们得出以下命题:

命题二:新兴市场企业在国际化过程中,通过跨国并购发达国家的创造性资产以获取战略资源的意图显于依赖已拥有的资源开展国际化经营,而关键性战略资源的获取助力企业提升竞争优势,实现跨越式发展。

案例企业在国际化经营过程中还反映出寻求市场的动机。Coviello(1999)指出,为了避开国内市场不景气,企业会进行国际化经营,而有些先行者企业在国内市场还没有受到威胁时,就积极向有潜力的国际市场进军,为了更好地进军海外市场,前期做了充分的准备工作,如市场信息的收集等,从而建立起企业在海外市场的竞争优势。Buckley(2007)认为,企业国际化市场动因是企业出于开辟新市场、提高销量、降低成本、获取廉价的或是稀缺的资源、发展规模经济等市场相关动机而采取的国际化行为。在扎根理论研究过程中,我们发现案例企业国际化市场动因也与这些理论观点相一致。北一机床的总工程师提到:"……要有好时机,还要有市场……此外,原来科堡属于英格索尔子公司的时候因为都做重型机床,美国市场对它是封锁的,要想进入美国市场,必须从英格索尔分包……"可见,北一机床也是为了拓宽市场领域而开展国际化经营。三一重工投资部部长说道:"现在国内的高速增长期过了，所以国际市场是我们最大的一个选择。"为了规避国内市场的不景气，三一重工选择进军国际市场。潍柴动力总经理说道："所以也是在那几年，我们就在设想能够走到国外去，当时提出来叫两头在外。一头是我们的市场开发到国外去；另一头是我们亟须的一些技术，或者亟须的一些关键部件，能够从国外进口。这是两头在外的想法。"大连机床的总裁助理提到："我们已经可以和国际上一流的公司在全球抢市场，我们是平等竞争的关系。"大连机床也是全球市场的抢占者。沈阳机床财务总监助理谈到："下一步把我们的主业做成一个探索的产业，然后奔着未来的市场方式去。"由此可见，新兴市场企业国际化过程中，海外市场的驱动是重要因素之一。而海外市场的提升也影响了企业的国际化经营绩效。三一重工投资部部长提到："现在在国际市场我们已经有一个很成熟的网络了。"大连机床的总裁助理提到："在曲轴加工领域，现在国内很多大企业在跟我们合作，而且现在为止，这两个海外企业运营都很正常，都是盈利的。"由此，我们可以得出以下命题。

命题三：为了规避国内市场空间的局限和绕开国际市场贸易保护壁垒，新兴市场企业通过跨国并购发达国家的战略资产打开海外销售网络，抢占国际市场，提升企业的国际竞争力。

4.4.2 新兴市场企业国际化路径

在对五个案例企业进行资料分析过程中，我们发现，案例企业在国际化进程中，开展国际化经营的范围、速度、程度、阶段对国际化经营有影响。例如三一重工投资部部长提到，"现在三一重工国际化路径越来越广了""收购以后对于我们国际化的进程加速了"。三一重工的国际化路径主要从广度和速度两个角度来考虑，这与 Freek and Harry（2002）对国际化路径的研究一致。潍柴动力总经理在接受访谈时就谈到，企业的国际化阶段要由初级向更高级阶段过渡，转而建立全球营销体系，在进入模式上也要向更深的方向发展，如在海外投资建厂等，达到企业国际化的不断深化，促进企业国际化经营，通过对发达国家战略资产的收购，如对法国博杜安的收购、以70%股权收购德国凯傲旗下林德液压公司等，实现企业国际化的深度发展。从国际化深度与广度两方面来分析潍柴动力企业国际化路径，这与国际化进程理论关于进入模式的解释一致。国际化企业在资源投入上存在阶段差异，它们往往由最开始的较少的投入向较高的资源投入过渡，开始是以出口的形式参与国际化经营，此时的资源投入相对较少，而随着企业国际化越来越深入，建立起了企业在海外的网络体系，进而或者以绿地的方式在海外投资。在整理访谈资料过程中，大连机床的总裁助理谈到："俄罗斯这个国家辐射力度是非常大的，东南欧都会辐射到，包括与苏联进行过贸易的一些国家，对机床的需求是非常巨大的。通过与俄罗斯的合作，将来可能会将业务拓展到东南亚、南美……"这与Hitt等（1997）和鲁桐（2000）对国际化程度研究相一致，他们从国际化深度与广度两个方面来研究国际化程度，并采用了相应的测量方式来衡量之。此外，潍柴动力投资管理部部长提到："我们在国外设立的销售网点、销售渠道，目前仅限于非发达地区……我们所谓的全球化和国际化前端还只是市场方面的一些概念。"可见潍柴动力还处于国际化经营的初级阶段。从国际化广度来说，案例企业国际化范围都很广，都在试图建立具备自身优势的全球营销网络，在海外投资的地域选择上呈现多元发展趋势，以更好地获取资源。北一机床总工程师提到："我们在2005年收购阿道夫·瓦德里希科堡机床厂有限两合公司以后，2006—2008年中国大力开展基础设施建设，高铁、高速公路的修建对重型机床需求特别大，市场非常好。""大家都希望在尽可能短的时间内进行跨越式发展，心情是一样的。""后来我们选择了大隈进行合资，学习人家怎么做……股权占比51%就51%吧，至少企业模式留在中国了，生产模式留在中国了……在与科堡的并购谈判时，我们想过，如果和科堡并购不成功的话能不能合资，也就是我们建设重型厂房。""……第一步确实很难迈……有了第一个科堡的成功，后面就比较顺利了。"北一机床从国际化范围、阶段和速度的角度分析了国际化进程。

Johanson and vahlne（1977，1990）认为，企业在国际化市场开拓时先是立足国内市场，再向制度距离较小的周边国家过渡，然后才是全球市场的扩张，企业国际化经营遵循由近及远的"心理距离"的模式。国际化早期阶段，先向周边国家扩张，再慢慢向制度距离较远的国家或地区投资，而且在进入模式上也是由早期的出口再过渡到海外投资办厂，资源投入以由低到高的方式进入。但我们在对案例企业探索性分析时发现，新兴市场企业国际化路径并不完全遵循由近及远的"心理距离"模式。例如北一机床总工程师提到："我们和科堡的并购是第一次并购，控股公司很担心，怕步子迈得太大。和大隈合资也认为我们步子迈得太大，合资虽然在股权占比上做了让步，但企业模式、生产模式都留在了中国，这些我们都看得见，也守得住。"案例企业国际化过程中往往采取激进的扩张方式，收购或者购买成熟的跨国公司的关键资产克服后发劣势，实现赶超，这与 IP 理论的"心理距离"模式并不完全一致。这种激进的国际化扩张方式与 Deng（2009）新兴市场企业在国际化初期阶段和国际化经验不足时采取激进的国际化进入方式，加速国际化的观点相一致。除此以外，如大连机床并购美国的英格索尔和德国的兹默曼，三一重工并购普茨迈斯特（大象），沈阳机床并购德国希斯，这些并购现象表明，新兴市场跨国企业在国际市场属于后来者，它们通过对发达国家战略资产进行并购来获取企业所需的战略资源，其开展国际化与传统国际化认同的垄断优势理论是不一致的，它们通过国际化弥补后发劣势，快速参与国际竞争并提升企业的竞争力，这与 Luo and Tung（2007）提出的跳板学说相一致。新兴市场企业采取一系列侵略性和冒险措施在全球舞台上积极收购或购买成熟的跨国公司的关键资产，以弥补自身的竞争弱点，克服后发劣势。本章的五个案例企业在国际化过程中采取快速的国际化扩张战略，在区位选择上并不完全遵从由近及远的"心理距离"，而是通过并购发达国家企业关键战略资产这种激进的扩张方式，以获取效率和谋求长远发展，建立起企业在海外的网络体系，从而加深企业的国际化经营。五家案例企业的研究结论，是对 IP 理论的一种修正和补充。由此，我们得出以下命题。

命题四：新兴市场企业在国际化过程中，从国际化深度、广度、速度和阶段几方面开展国际化经营；新兴市场企业国际化路径并不完全遵循由近及远的"心理距离"，它们更倾向于并购发达国家企业关键性战略资产，通过这种激进的扩张方式来弥补后发企业劣势。

4.4.3 新兴市场企业国际化绩效

在对案例企业进行扎根分析时发现，新兴市场企业国际化绩效在企业经营实务中表现出一定的时滞性和企业间的差异性。如北一机床总工程师在提到企业经营绩效时说："绩效的提升不是一天两天就能实现的……企业上市是很难的，需要最近三年连续盈利才能达到上市的条件，现在根本不可能。"北一机床通过海外并购获取企业所需的战略资源，但是其对企业经营绩效的影响在短时期内还不明显。潍柴动力投资管理部部长也谈到："目前来看，真正产生的价值，现在还没有体现。跨国收购到底是成功还是失败，现在还没有定论，只能说我们已经获得了资源，这种资源能否真正为我们所用，还有待时间检验。……并购不成功的例子也是不少的。"企业通过跨国并购获取关键性战略资源，但是能不能产生真正的价值，需要时间来证明。但是潍柴动力投资管理部部长说："我们按照这个方向走，有可能获得更好的生存空间，不按这个方向走，有可能企业会衰亡……"新兴市场企业开展国际化经营是大势所趋，虽然国际化经营的绩效在最开始几年并不能体现，但是企业为了生存必须顺应潮流，进军国际市场。当然也有海外经营绩效比较明显的企业，如大连机床总裁助理就谈到："海外市场都是盈利的，因为我们要求付款方式必须都是款到发货，所以不存在呆死账。……海外市场盈利状况好……对我们的技术、管理理念、培训等都有提升。对整个企业的发展是有根本性保障的。"案例企业对国际化经营绩效的总结可见一斑。此外，管理层的意志以及团队水平对企业经营绩效也会产生影响，如三一重工投资部部长谈到："三一重工是民企机制，已经形成完整的研发营销体系和发展模式。这有赖于管理团队超前的眼光。此外还有整个体系的成功运作，而不是靠某一个人。"案例企业总结表明，新兴市场企业国际化过程中绩效的提升具有长期性并呈现出企业间的差异性，这一研究结论扩充了新兴市场企业绩效理论。由此，我们得出以下命题：

命题五：新兴市场企业在国际化过程中，由于受到企业内外因素的影响，其国际化经营绩效并不囿于固定的模式，而是表现出一定的时滞性和企业间的差异性，而更加灵活的机制和高水平的管理体系对新兴市场企业国际化经营绩效的提升有积极的作用。

4.5 本章小结

本章以国际化进程理论为基础，整合新兴市场企业国际化动因、程度与绩效，并选取五个典型案例北一机床、三一重工、潍柴动力、沈阳机床和大连机床进行探索性分析，运用扎根理论研究法中规范的译码程序进行了系统的分析和阐述。通过备选案例的重复、复制进行了多案例研究，并发掘出"寻求市场""寻求技术""寻求资源""提升国际化路径""获取绩效"五个范畴以及各范畴之间的逻辑关系，并通过对案例企业的整合分析提炼出了五个命题。

第 5 章
新兴市场企业国际化动因、路径与绩效：对中国企业的实证检验

第5章　新兴市场企业国际化动因、路径与绩效：对中国企业的实证检验

5.1　理论探讨与理论模型

以中国、印度等国家为代表的经济体持续高速的经济增长及新兴市场企业的快速成长，对现有的企业国际化理论提出了挑战，对现有的管理实践也提出了挑战。挑战是全方位的，涉及不同行业、不同地域，对已有的商业经营模式和理念产生冲击（孙金云，2011）。中国是典型的新兴市场，对外直接投资逐年上升。然而，由于中国企业技术基础薄弱，创新能力不强，如何提升国际化经营绩效应该成为理论界与实务界的关注点，而如何提高中国企业国际化的深度也是中国企业面临的现实问题。主流对外直接投资理论认为，企业进行外向型对外直接投资的主要动因是利用自身优势实现跨界转移，基于 OLI 理论（所有权优势、区位优势和内部化优势），Dunning（1996）将外向型直接投资动因从以下几方面来分析：市场寻求型、资源寻求型、战略资产寻求型和效率寻求型。与主流理论有差异的地方表现为新兴市场企业在开展对外直接投资时并不具备所有权优势。Luo（2007）认为，新兴市场企业是源自新兴市场并从事 OFDI 的国际企业，新兴市场企业在国际化过程中具备自身的优势，它们在海外市场从事价值增值活动，并能对一个或多个海外市场进行有效控制，有其明显的国际化动机。Yiu（2007）认为，新兴经济企业拥有发达经济企业所不同的所有权优势，在进行国际化经营的时候属于后发者，参与对外直接投资是为了获取技术资源，进入发达国家更多的是获取战略资产和技术资产，进入发展中国家是为了获取资源。传统的企业国际化理论也被用来解释新兴市场企业国际化现象。尽管目前有关新兴市场企业的研究成果愈加丰富，传统的企业国际化理论用固有垄断优势假设来解释新兴市场企业国际化行为，强调新兴市场企业在特定背景下已经开发出一定的

优势，从而企业得以进行国际化经营。依据此理论，新兴市场企业在技术、营销和管理等领域与发达国家相比仍处于劣势，因而其国际化经营活动也处于价值链的低端。而从新兴市场企业国际化的实践来看，其国际化经营活动区位既有发展中国家也有发达国家，也涉及更高的价值增值活动，这种现实是对传统理论提出的挑战，在传统的企业国际化理论研究时，载体主要是大型的有实力的跨国公司，它们多来自发达国家，而新兴市场企业具有大型跨国公司不具备的优势，新兴市场企业在国际化道路上存在与大型跨国公司有差异的背景和环境。

本章拟从资源基础观（RBV）的视角探索新兴市场企业国际化动因、程度与绩效，选择这一理论视角基于以下几方面的考虑。

第一，资源基础观可以更好地体现作为后发企业的新兴市场企业在国际化过程中的资源寻求动机，与传统国际化理论中的资源利用观点有差异。传统的对外直接投资理论，如 Hymer 的垄断优势论、Buckley and Casson 提出的市场内部化理论、Dunning 的国际生产折中理论，都认为企业的垄断优势是企业对外直接投资、克服国际化障碍、取胜当地企业的基础。Wells 的小规模技术理论和 Lall 的技术地方化理论是有关新兴市场企业国际化理论的早期观点，与资源基础观的视角一致，认为作为后发企业的新兴市场企业应该顺应产业转移的梯度，向更穷的发展中国家投资，可以发挥比较优势。新兴市场企业国际化动机具有明显的资源寻求与劣势弥补的特征，与传统的国际化理论的资源利用观点有差异。

第二，资源基础观可以提供共同的理论基础来解释新兴市场企业国际化，它通过整合新兴市场企业国际化研究的不同视角来实现。现有的关于新兴市场企业的研究视角比较丰富，但缺乏共同的理论基础和一致的解释，资源基础观可以整合。

第三，资源基础理论有效联结了新兴市场企业国际化动因、程度与绩效。新兴市场企业开展资源寻求型国际化战略（Yiu & Makino, 2002），企业绩效受到企业资源的驱动，并构建了资源基础观的框架（Wernerfelt，1984），企业资源影响资源价值的期望从而影响企业经济绩效（Barney，1986），企业国际化程度会受到资源的影响，企业国际化扩张的速度也与企业的资源有关系（宋渊洋，2011）。由此可见，资源基础观可以有效联结新兴市场企业国际化动因、路径和绩效。

5.1.1 资源基础理论与资源寻求

1. 资源基础理论及其演变

Penrose（1959）的《企业成长理论》被认为是最早的资源基础观理论。在企业内部总存在着一些未被充分利用的资源，奠定了企业发展的基础。资源基础理论从最开始的资源学派逐步发展，内容也在不断延伸，发展出后来的能力学派和知识学派。

对企业资源的定义最早可以追溯到 1984 年 Wernerfelt 的观点，资源是企业的无形或有形资产，是企业的优势或劣势。还将企业资源做了列举，如员工的技能、品牌名称、交易合同、技术、机器、资金、有效的流程等。Barney（1986）也强调组织任何无形或有形的事物是资源；Grant（1991）也是早期的资源学派代表，认为企业最基本的分析单位是资源，它是生产过程中的投入品；Barney（1991）将资源的概念做了更加清晰的界定，认为企业的资源可以提高企业的效率，帮助企业构思和实施有效的战略，具体可以包括企业的能力、资产、企业属性、组织过程、知识和信息等，而稀缺的、有价值的、难以替代的、难以模仿的资源是可以给企业带来持续竞争优势的。我国学者也对资源做了相应研究，资源可以被视为对企业价值创造产生实际或潜在影响的事物，这是贺小刚在 2002 年提出的观点。王核成（2005）提倡从狭义的角度来研究资源，否则企业的资源界定将不明朗，成为十分复杂的集合体；他将能力要素从资源的定义中分开，认为资源是要素与要素间关系的结合，这些要素能够给企业创造价值并为企业所掌控。

能力学派是从资源基础理论中产生的，是资源基础理论的一个分支。对竞争优势动态性的研究催生了能力学派，它将能力与资源的观点分开，并分别做了概念的界定，在研究能力时，从动态能力与核心能力的角度来研究。Teece（2007）认为，能够建立、整合和重构企业外部或内部能力，帮助企业更好地应对环境变化的能力就是动态能力；Prahalad and Hamel（1990）认为企业竞争优势来源于核心能力。能力学派从企业生产投入要素的存量的角度来研究资源，这些要素是企业能够拥有和控制的，能力学派对资源的定义做了新的界定，而能力就是对这些资源进行配置的能力。

通过对资源和能力的进一步研究，探讨两者的根源，产生了知识学派。Nonaka（1994，1995）提出了知识学派代表观点将知识进行了分类，分为诀窍、信息、显性知识、隐性知识。

2. 资源寻求

Amit and Schoemaker（1993）认为，资源的本质属性不在于"所有"，而在于"可利用"。Yiu and Makino（2002）的研究表明，资源寻求与资源利用是有差异的，资源寻求是指企业获取自身没有的资源的过程，资源利用强调的是针对企业已有的资源，实现转移的过程，这两者都能解释发展中国家企业的海外投资动机。传统的国际化理论从企业本身的资源优势角度分析跨国公司国际化（Hymer，1960；Buckley & Casson，1970；Dunning，1977，1981），随着新兴市场企业国际化兴起，区别于传统的国际化理论，新兴市场企业开展资源寻求型国际化战略，按照资源寻求的途径，认为资源寻求由资源购买、资源吸引和资源积累三种方式构成（Brush, Greene & Hart, 2001; Sirmon, Hitt & Ireland, 2007）。

5.1.2 新兴市场企业国际化的动因论

Barney（1991）以及 Peteraf（1993）的资源分析框架，是学术界普遍接受的，两者较为系统完整地整合了各种不同观点，这些观点都是基于资源的竞争优势理论来展开的。资源基础观认为，后发企业在国际化过程中的资源寻求特征与传统的跨国公司的资源利用是有差异的。邓宁的折中范式被认为是资源寻求型动因研究的起点，是该领域研究的主流理论。K. Kojima（1978）将企业国际化的动因做了归纳，动因归为三类，即市场寻求型、自然资源寻求型和生产要素寻求型。Dunning（1996）也做了企业国际化动因的归类：市场寻求型、资源寻求型、战略资产寻求型和效率寻求型。Dunning（1998）认为，战略资产寻求型的动机表现在通过收购的方式来实现，资源寻求就是找到那些企业没有的资源，如品牌和研发能力等特定的资产就是企业要寻求的战略资产，传统的跨国企业往往具备优质的战略资产，要获取战略资产可以采取收购的方式实现。新兴市场企业并不具备所有权优势，需要通过国际化来获取研发与设计能力、技术与知识品牌等战略资源来弥补其资源劣势。Child（2005）认为，主流跨国企业愿意出售与分享其战略资产，这可能是由于全球性的金融危机导致其财务困难以及公司的战略重组等原因，致使发达国家的跨国企业愿意出售和分享其技术、知识、品牌等，新兴市场企业可以实现其目标，例如，福特愿意出售其品牌，中国的吉利则收购其沃尔沃品牌，获取战略资产。

Deng（2004）研究了中国企业对外投资的动因：技术寻求型、资源寻求型、多元化经营、市场寻求型、战略资产寻求型。学者们对新兴市场企业国际动机的研究是从资源基础视角来考察的（Accenture, 2006; Athreye & Kapur, 2009; Chen, 2008; Cui & Jiang, 2009），已有研究纷纷强调了企业的资源寻求动机；Meyer et al（2009）也对企业国际化动因做了研究，发现对有形资产、无形资产的需求，对当地资源的依赖程度，都会影响企业开展国际化经营，研究基于印度、越南、南非和埃及四个新兴经济体；Buckley 的研究表明，中国企业国际化的影响因素还包括政策自由化、东道国资源禀赋等。

在研究我国企业国际化动因的文献中，李朝明（2003）调查了企业海外经营的动机，包括降低成本、分散经营风险、获取海外资源、内需不足、拓展海外市场、获得先进技术、获得海外市场信息、获得较高的利润、积累跨国经营的经验、国内市场竞争压力、培养国际化经营人才等，从企业内外多个角度分析中国企业国际化经营的动机。在对企业国际化动因的研究中，也有从企业发展的角度来探讨的，如为了促进企业发展、利润最大化、提高企业核心竞争力、成本最小化等。王钰（2006）以 TCL 的跨国经营为例，研究中小企业国际化经营。它们具备跨国并购先天的体制优势、出口的产品优势，产品优势赋予了其在国际契约式合作上的优势。通过对 TCL 跨国并购的研究，分析了中小企业国际化竞争优势和战略选择。宋亚非（2007）的研究表明，转移过剩的生产能力、占领国际市场、绕过贸易壁垒、搜集国际市场信息、实现价值链的跨国优化组合是中国企业海外经营的动机，是在邓宁对发展中国家投资动机总结的基础上而提出来的。刘阳春（2008）认为，中国企业国际化动因包括：寻求市场、利用专属优势、寻求创造性资产、克服贸易壁垒、寻求自然资源、公司的扩张战略，向海外寻求生存和发展表现得非常明显，中国企业的对外直接投资还与国际经济一体化的背景分不开。对中国企业国际化的研究，国内学者主要从资源寻求的角度来分析我国企业国际化经营动机，这与主流理论观点是一致的。

梳理以往研究成果，本章从资源基础观的视角探讨新兴市场企业国际化动因，做如下归纳总结。

1. 资源寻求型

K. Kojima 研究企业国际化动因的背景基础是日本，作为第二次世界大战的战败国，当时的日本资源十分贫乏。他根据日本当时的企业国际化路径做出了分析与总结。资源寻求型动因中的"资源"可以做以下分解,包括自然资源的寻求,生产资源的寻求,生产资源也包括生产要素。新兴市场企业对资源依赖很大,如能源、矿产等,为了保障本国经济的发展,有必要到海外寻求资源,开展海外经营。根据联合国贸发会议的报告(2006年)可以看出,发展中国家的对外投资中,对资源的寻求占较大的比重,如在2004年,印度、中国等国的对外投资中,对采掘业的投资占据总的对外投资额的三成,而这一数据一直处于上升的趋势。数据还显示,中国和印度对非洲的直接投资主要目的就是获取其重要的石油资源。可见,资源寻求型的对外直接投资是新兴市场企业对外投资的动机之一,新兴市场企业对外直接投资的主要目的是保证成本最小化,保证其原材料的安全供应。

2. 市场寻求型

Buckley(2007)认为,东道国市场的特点(如市场规模)是企业对外投资的主要决定因素。国外新的市场往往具有较高的增长需求,具备丰富的市场资源。Ellis(2007)的研究表明,企业在国际化进入决策过程时,国际市场机遇是其要考虑的因素,并起积极作用。Child(2005)认为,新兴市场企业国际化可以弥补作为后来者在国际市场上的竞争劣势。Peng(2008)认为,企业国际化经营受到市场激烈竞争因素的影响,激烈的市场竞争起到了推动作用。Buckley(2008)认为,获取市场份额和相关战略资本是企业国际化经营的主要动机。企业在进行海外投资时为了开发新市场的需要,就要更好地满足当地市场口味、需求、文化等,而企业也可能是为了保护或维持现有市场而开展海外经营。当企业的供应链上的关键企业在海外开展投资时,也会牵动企业的海外投资,企业希望通过追随来保护或维持这种合作关系。这两种情况都是市场寻求型的海外投资。

3. 技术寻求型

新兴经济国家在对外直接投资中,表现出强烈的技术寻求型动机的时间是20世纪90年代后。发达国家的跨国公司往往拥有成熟先进的技术,新兴经济国家通过对发达国家的直接投资来获取技术。在技术寻求型的对外直接投资中，不少国家从中受益，获取了大量先进的技术，如韩国企业的对外直接投资就受益匪浅，通过技术许可合同开展与发达国家企业的合作，同时注重对引进技术的消化吸收和再创新，扩大自有品牌。韩国对发达国家的投资集中在半导体、汽车、电子等高新领域。新兴市场企业在国际化过程中，技术寻求型的对外投资成为企业国际化的动机之一。

依据资源基础观以及国外学者对企业国际化动因的研究，国内外学者形成了新兴市场企业国际化动机的理论（Buckley，2007；Deng，2009；Dunning，2008；Dunning，2009；Luo，2007），见图5-1。本章提出了新兴市场企业国际化动因的分析框架。

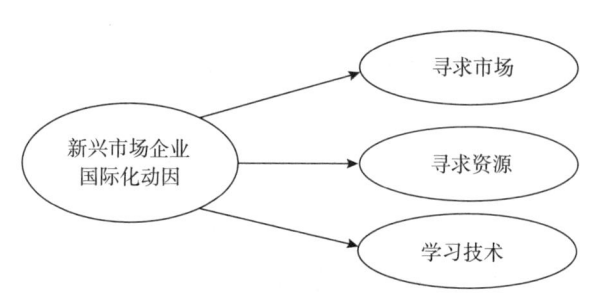

图 5-1 新兴市场企业国际化动因

5.1.3 新兴市场企业国际化绩效理论

Colmer（1991）的资源基础理论认为，资源是企业竞争优势和绩效的源头。资源基础理论认为企业利润的影响因素包括能力和资源的类型和属性，企业资源的有限转移性，公司的专业化程度，企业的异质性都是企业利润来源的因素。资源基础理论认为，企业绩效存在不同的原因是资源带来的持续竞争优势，如前所述，资源是异质的，企业的资源是独特的，它符合稀缺性、价值性、难以替代性和难以模仿性的特点，成为企业的战略资源，其形成具备社会复杂性，存在于特定的历史条件下，因而能把企业与其他企业隔开，产生持续的竞争优势。企业的知识获取越多，企业的国际化程度就越高，不可撤回的资源投入也会越高（Johanson & Vahlne, 1977）。关于新兴市场企业国际化绩效衡量的研究，Sousa（2004）在研究企业国际化绩效时，认为财务指标不是主要唯一的衡量方式，主观指标如企业的经验、能力和资源，这些指标相对重要，但是难以量化。他还指出，评价绩效的指标体系不是一成不变的，这些指标体系要随企业国际化所处的阶段不同而有所差异，才能更加准确地反映企业的真实绩效。衡量绩效的主观指标和客观指标可以细分为利润类、销售类、市场类指标。他还指出，当企业处于国际化成熟阶段和国际化初级阶段时，评价绩效应该采取不同的绩效指标体系，当企业国际化相对成熟时，更加关注市场份额，所以应该采取相应的绩效指标来衡量，而企业处于国际化初级阶段时，重点关注出口利润，而此时采取的绩效衡量指标应有差异。Sullivan（1994）也从财务绩效的角度来研究企业国际化程度，但是他认为企业国际化程度除了用国际业务的财务绩效来衡量外，还有其他的国际业务指标，如行为特征、结构导向等，其中财务业绩既可以用相对指标来衡量，也可以用绝对指标来衡量。他又将两者做了细分，相对指标主要用比例或比重指标来衡量，海外利润占总公司总利润的比例，海外销售占公司总销售的比重等都是相对指标，绝对指标表示的是绝对数量，如海外业务利润、海外销售收入等。

国内学者也纷纷展开对我国企业国际化绩效的研究，如从资源视角研究中国企业国际化绩效的影响因素，潘镇（2005）以苏州市 426 家企业为样本，从资源视角对影响中小企业绩效的因素进行了实证分析，发现有形资源、无形资源以及企业能力对企业绩效的影响是有差异的，中小企业成长的基础依靠有形资源，无形资源有重要作用，但是影响不强。在对有形资源的分类分析中发现，企业制度改革的影响是不明显的，其他有形资源的影响起基础作用。胡春燕（2010）研究了网络特征对企业国际化绩效的影响，建立了国际化绩效的多因素模型，将国际化资源作为中介变量引入，探讨网络特征对国际化绩效的影响。研究发现，这种中介作用是存在的，资源成为联结网络结构与国际化绩效的桥梁。研究结果显示网络特征通过资源获取对国际化绩效产生积极的作用。李卫宁（2010）研究了天生国际企业创业导向与国际绩效的关系，创业导向决定产品策略的选择，创业导向通过产品策略影响企业的绩效，而不同的产品策略的影响是有差异的，价值产品有积极的影响，而初级产品影响不明显。罗婷婷（2012）以广东省220家企业资料为样本，采用结构方程模型对理论假设进行检验，将国际化能力作为中介变量引入国际化动机与国际化绩效的模型中，研究结果是显著正向的，国际化能力起到完全中介作用。赵世磊（2012）对深沪A股410个样本企业进行分析，构建结构方程模型（SEM）以验证中国企业国际化经营与企业绩效之间的路径关系，估计国际化经营对绩效的影响程度。模型将绩效从长期绩效与短期绩效两方面来考察，结果表明对长期绩效有积极影响作用的是全球协同效率，对短期绩效有积极影响的是规模经济。国内学者多从财务指标衡量国际化绩效。孟华（2009）从资产回报率（ROA）、净资产收益率（ROE）、销售利润率（ROS）三项财务指标来衡量国际化绩效；薛有志（2007）选择资产回报率（ROA）作为公司会计绩效的代理变量，选用Tobin's Q作为衡量公司市场价值的指标，蒋春燕和赵曙明（2006）、杨忠和张骁（2009）、杨丽丽（2010）选择总销售量、总资产收益率和总销售增长率、主营业务利润率作为绩效的衡量标准。

  本章结合国内外研究，梳理国际化绩效的衡量指标，考虑指标的量化处理，从财务指标角度来衡量国际化绩效。财务指标是评断组织绩效最基本的方法，大多数学者采取了海外投资回报率（ROI）、销售利润率（ROS）或净资产收益率（ROE）这类基于市场数据的财务指标来衡量新兴市场企业国际化绩效，见图5-2。据此，本章提出了新兴市场企业国际化绩效的分析框架。

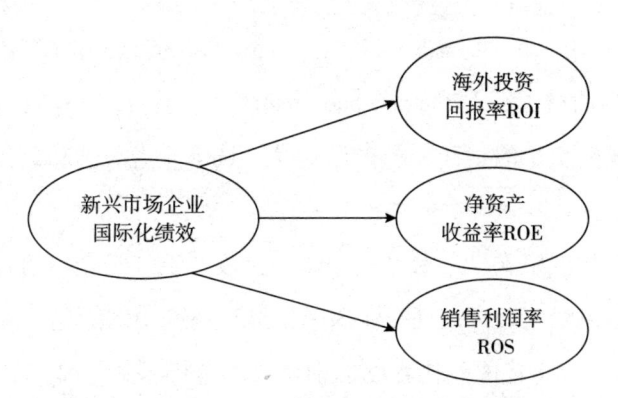

图 5-2　新兴市场企业国际化绩效财务衡量指标

5.1.4　新兴市场企业国际化的程度理论

资源基础理论强调资源、能力、知识对企业的重要性，企业国际化程度与企业掌握的资源状态密切相关。充足的资源使企业能抓住转瞬即逝的国际市场机会，加快国际化进程（宋渊洋，2011）。基于资源基础理论，学者们探讨了无形资产、人力资本、关系资本、知识资源、物质资源对国际化程度的影响（Chiung-Hui，2007；Berry，2008；Hitt，2006）。企业拥有的资源可以从有形资源和无形资源的角度来分析，两者相比较，无形资源对于企业国际化意义重大，如对企业国际化具有更强影响的是知识资源（Tseng，2007），从金融资产的角度来研究有形资源相对较多。学者们的研究表明无形资产的重要性，而对无形资产的衡量却是多方面的，其研究成果也在不断深化。学者们对无形资产的衡量主要表现在以下几方面：研发强度，企业市场价值（Gomez，2004），营销技术资产（Delios，2008），其研究重点从最开始的注重研发到后来的市场价值转移。企业资源是否丰富、对资源的掌握程度、资源的类型等都会对企业国际化产生影响，学者们也做了相应研究，他们将无形资产作为考察的重点，探讨无形资产对企业国际化的影响，最开始的研究主要考察两者的线性关系（Qian & Delios，2008），也有学者认为两者的关系

相对复杂（Bouquet & Deutsch，2008；Tihanyi，2009），并非简单直线相关关系，而是 U 型曲线关系。Bouquet and Deutsch 的这一结论是以企业社会绩效和国际化为研究变量的，Tihanyi 的结论是以技术能力与国际化作为研究变量来考察的。

  对于国际化的定义，学术界至今尚未达成共识，学者们用各种不同的评估方法和定量测量指标来表征企业国际化经营过程中国际化进入程度。Grant（1987）认为，对企业国际化程度的衡量必须能够反映企业国内外经营业务的重要性和相对规模。在对学者们的研究做归纳分析时发现，从定量的角度来衡量国际化程度相对较多，而定量指标却相对丰富。Morck and Yeung（1991）、Delios and Beamish（1999）等学者采用 OSTS、FETE、FATA 等单一指标来衡量，其中 OSTS 表示的是海外子公司占全部子公司的比重、FETE 表示的是海外雇员占雇员总人数的比重、FATA 表示的是企业海外资产占总资产的比重，这些指标是从运营结构的角度来考察国际化程度。此外，Hitt（1997）也对企业国际化程度的衡量指标做了研究，他从企业经营地域市场多元化这一视角来分析国际化程度，提出了海外子公司涉及的国家数量（NCOS）、企业的海外子公司数量（NOS）、基于各地区销售额或子公司数的赫芬德尔指数或嫡值指标，这些指标是从战略管理学派的观点出发来考察国际化程度。UNCTAD（2000）在对企业国际化程度做计算从而得出报告数据时，采用的是企业海外资产占总资产的比重（FATA）、海外雇员占雇员总人数的比重（FETE）、海外销售占总销售的比重（FSTS），取三项指标的平均值。在对以上衡量企业国际化程度的不同指标的研究中，我们发现了共同点，企业海外涉足的程度是这些指标共同关心的问题，如企业海外资产占总资产的比重这一指标可以反映企业在生产上对海外的依赖程度，企业的海外子公司数量和海外子公司涉及的国家数量反映收益和区位成本等的分散程度，海外销售占总销售的比重则反映企业对海外市场的销售收入的依赖程度。

  我国学者关于国际化路径的研究最有代表性的是鲁桐的观点。鲁桐

(2000)从国际化阶段的角度来研究企业国际化,提出了企业国际化的蛛网模型,用来测量企业国际化阶段。研究将企业国际化从六个方面体现:跨国经营方式、市场营销、组织结构、跨国化指数、人事管理、财务管理,并对首钢进行了案例研究。这套指标体系可以用来测量企业国际化所处的阶段,帮助企业认识现状,为企业国际化经营服务。在对国际化程度的研究中,鲁桐又从国际化深度与广度两个方面来研究国际化程度,国际化广度衡量指标:海外经营涉及的国家数量(NCOS)、海外销售的市场离散程度(FSDP)、心理距离(CD);国际化深度衡量指标:海外资产占总资产的比重(FATA)、海外销售占总销售的比重(FSTS)、海外雇员占雇员总人数的比重(FETE)、海外机构占全部机构的比例(FOTO)。本章结合以往的研究(UNCTAD,2010;鲁桐,2000等),在衡量企业国际化程度时,采用反映企业对海外市场上销售收入依赖程度的指标FSTS(海外销售额占总销售额的比重)来测量。

资源基础观可以很好地解释新兴市场企业国际化动因、程度与绩效模型,它可以更好地适应作为后发企业的新兴市场企业对发达国家企业的资源寻求型国际化情境。我们按照资源基础观的逻辑,选取新兴市场企业国际化资源、技术和市场动因以及国际化程度作为主要考察变量,提出图5-3所示的新兴市场企业国际化动因、程度和绩效分析框架。

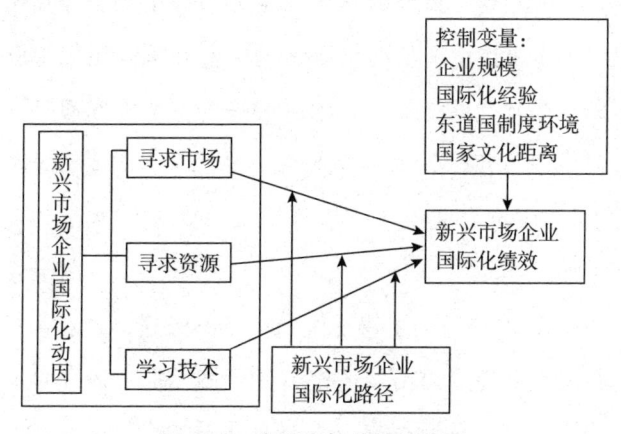

图5-3 本研究的分析框架图

5.2　研究假设及汇总

5.2.1　新兴市场企业国际化的动因与绩效

新兴市场企业国际化的动因会对其绩效产生影响。以市场、技术和资源寻求为目的新兴市场企业国际化，对其国际化经营绩效产生影响作用。新兴市场企业采取战略联盟和并购的方式进入当地市场，获取目标企业的关键战略资产，注重对资源、技术和市场等资源的有效整合，成功获取各种所有权资产，帮助企业进一步打开国际市场，弥补国内市场的不足，获取企业所需的各种资源，弥补后发企业的资源劣势，通过对核心技术的引进、消化和吸收，实现企业竞争能力的提升、在产业链上的升级，从而提升企业的整体实力，实现企业经营绩效的提高。"走出去"也要"引进来"，两者相辅相成。为了引进优势外资，新兴市场企业在政策、资源优势上不断调整。随着越来越多优秀的外资企业被引进到新兴市场国家，对这些国家的技术提升、经济结构调整和产业升级起到了重要的作用，也为新兴市场企业在国际市场上竞争力的提升起到了重要作用，从而可以帮助企业在国际市场上获取更多的资源、技术和市场，提升企业绩效。如中国的华为，积极向海外寻求市场、技术、资源，1994—2006年保持着高速增长，平均增长率为52.6%（莫利加，2008）。也有大量的中国企业通过引进外资提升企业的水平，企业则可以更好地进入国际市场。

Coviello（1999）指出，为了避开国内市场不景气，企业会进行国际化经营，而有些先行者企业在国内市场还没有受到威胁时，就积极向有潜力的国际市场进军。为了更好进军海外市场，企业在前期做了充分的准备工作，如市场信息的收集等，从而建立企业在海外市场的竞争优势。Weston 等（2001）认为，企业通过国际化共享技术研发或生产制造方面的资源，从而产生规模经济，获取更多的市场，实现企业竞争力的提升。Buckley（2007）认为，企业国际化市场动因是企业出于开辟新市场、提高销量、降低成本、获取廉价的或是稀缺的资源、发展规模经济等市场相关动机而采取的国际化行为。国内学者相关领域的研究也日益丰富，鲁桐（2000）、李朝明（2003）、刘斌（2003）等认为，我国企业国际化在很大程度上受到国外市场、国际市场信息和资源的吸引，企业通过国际化经营，通过与国际先进企业的竞争，能够及时了解本行业的最新动态，从而对市场的敏锐度提高，可以及时通过所掌握的行业内先进的信息资源帮助企业生产更加适合国际市场的产品，从而实现企业在国际市场的竞争力提升，获取更多海外收益。因此，根据本章国际化绩效的测量指标，为了考察国际化动因分别对海外投资回报率、销售利润率和净资产收益率的影响，本章提出以下假设：

H1 国际化动因影响国际化绩效

H1-1 新兴市场企业国际化的市场动因对其国际化绩效有正向影响

H1-1a 新兴市场企业国际化的市场动因对其海外投资回报率（ROI）有正向影响

H1-1b 新兴市场企业国际化的市场动因对其销售利润率（ROS）有正向影响

H1-1c 新兴市场企业国际化的市场动因对其净资产收益率（ROE）有正向影响

Litvak（1990）、Dosi（1990）、Coviello（1999）等学者也对企业国际化的技术驱动因素做了研究，认为技术更新的速度与国际化市场的扩大是有关系的。随着企业研发费用的升高，要弥补这些费用，企业应该加快对国际市场的扩张；而技术的创新，使企业获取更多的国际市场份额。这个过程是循环的，随着企业技术的不断创新，对国际市场份额的需要也就越大。Yamakawa（2008）认为，国际化过程本身是一个学习的过程，学习国外先进的知识、信息、技能、经验，获取更多的母国环境下不具备的技术技能，在国际化过程中，通过技术的提升，提高产品的性能与质量、设计出创新性的产品、领先市场，帮助企业获取更多的市场空间，提升企业的国际化绩效。在新兴市场企业国际化经营中，以获取技术为目的的企业国际化的典型例子发生在韩国。韩国的相关企业在半导体行业的成绩与其国际化经营中对所引进的技术进行吸收、创新是分不开的。受国际市场技术的推动，韩国的高新技术的出口占比三成，成为新兴市场企业国家的典范，这对韩国经济的影响十分重大。国内学者江积海（2009）、蒋再文（2011）、何湘君（2012）认为，后来者（Latecomer）企业进入产业的动因是资源禀赋，后来者企业在市场和技术上处于劣势，可以通过技术学习来实现赶超。因此，根据本章国际化绩效的测量指标，为了考察国际化动因分别对海外投资回报率、销售利润率和净资产收益率的影响，本章提出以下假设：

H1-2 新兴市场企业国际化的技术动因对其国际化绩效有正向影响

H1-2a 新兴市场企业国际化的技术动因对其海外投资回报率（ROI）有正向影响

H1-2b 新兴市场企业国际化的技术动因对其销售利润率（ROS）有正向影响

H1-2c 新兴市场企业国际化的技术动因对其净资产收益率（ROE）有正向影响

Wernerfelt（1984）指出，企业绩效受到企业资源的驱动，并构建了资源基础观的框架，大量的学者也从资源的视角研究企业海外经营，为了规避国内市场资源不足的限制,企业将目光投向国际市场丰富的资源,通过与海外企业的合作合资,企业可以获取合作企业的资源,提高企业在国际市场的生存能力,加速国际化进程,实现企业跨越式发展(Hakansson & Snehota, 1989; Etemad, 1999; Mathew, 2003),Moon(1993)认为资源和要素的不平衡导致了发展中国家的对外投资,特别是向发达国家的投资。Makino(2002)在研究企业国际化动因时,以新兴工业化国家为背景,分析其动机主要是获取战略资源,尤其是针对发达国家的投资,这一目的更加明显。这与资源利用的观点不同,资源利用强调的是利用已有的资源,而新兴工业化国家在不具备资源优势的情况下,对发达国家的投资主要是以获取资源为目的,通过战略资源的获取实现了企业能力与优势的提升。Peng(2008)认为,学习动因指的是企业国际化是为了获取国外先进的知识、信息以及技能、经验,是以学习为主要目的。Barney(1986)认为,企业资源影响资源价值的期望从而影响企业经济绩效,新兴市场企业进行国际化经营,帮助企业获取了更多的关键资源,弥补资源劣势,提升企业的竞争力,从而对企业绩效提升起到积极作用。因此,根据本章国际化绩效的测量指标,为了考察国际化动因分别对海外投资回报率、销售利润率和净资产收益率的影响,本章提出以下假设:

H1-3 新兴市场企业国际化的资源动因对其国际化绩效有正向影响

H1-3a 新兴市场企业国际化的资源动因对其海外投资回报率(ROI)有正向影响

H1-3b 新兴市场企业国际化的资源动因对其销售利润率(ROS)有正向影响

H1-3c 新兴市场企业国际化的资源动因对其净资产收益率(ROE)有正向影响

5.2.2 新兴市场企业国际化程度的调节效应分析

资源对国际化程度有影响（Chiung-Hui，2007；Berry，2008；Hitt，2006；宋渊洋，2011），企业资源对企业国际化扩张行为至关重要（Hitt & Bierman，2006）。在对已有的国际化程度与国际化绩效关系的研究总结提炼时，发现前者对后者有影响的观点是具普遍性的。B. Elango（2003）在研究企业国际化对绩效的影响时，样本包括服务业和制造业，这与大量的研究从制造业的角度来分析有所不同，研究表明，两者对国际化绩效的影响有差异，一个是简单的线性关系（服务业），而制造业对绩效的影响是曲线关系（倒 U 形）。根据现有的研究，对研究的观点做了以下梳理。

第一，国际化与绩效呈倒 U 形曲线关系。国际化处于初期阶段，企业利润会呈增长趋势，当国际化程度增加后，企业运营成本和治理成本会上升，这是由于企业会面临更为复杂的经营环境，从而需要花更多的人力、资金、时间等进行运营管理。在企业国际化的过程中存在一个拐点，即当企业在国际化扩张过程中，从这一点开始，企业的绩效有下降趋势，这是由于国际化的复杂性会使企业面临组织和管理难题，成本会超过收入。

第二，呈标准的 U 形曲线。国际化初期，企业与东道国企业相比，面临着外来者劣势，受文化、制度等方面的先天差异的影响，企业会遇到各种经营难题，例如，在供应链的管理上存在的问题，在开发当地市场时面临的各种障碍和文化差异，在企业内部的经营管理上的难题，如何聘用当地的本土人才等，而这些障碍也会导致经营成本的增加。国际化经验提升后，组织内部重组和学习会提升企业的盈利，U 形曲线的凹处是个拐点，过了这个点，利润增长的走势从下降到快速增长，刚好颠倒过来。

第三，水平的 S 形曲线，即两者关系呈现出下降—上升—下降的 S 形曲线关系。最具代表性的是 Contractor 的观点。这种 S 形的曲线关系，表明两者关系的复杂性，以往观点如 U 形、倒 U 形和线性关系看到的只是 S 形曲线中的某部分而已（Contractor，2003）。

第四，两者关系不确定。我国学者也纷纷展开对国际化程度与绩效的研究。鲁慧玲（2008）认为我国企业国际化与企业绩效的关系是非线性关系（U 形曲线关系），这与国外学者关于企业国际化与绩效关系的部分研究观点相似，但是样本背景是有差异的。研究样本选取为上市公司（A 股），研究表明，U 形曲线的下降幅度表明在国际化初期阶段，企业绩效随国际化程度的提高而下降，U 形曲线的上升幅度表明企业在国际化程度提高到一定水平后企业绩效又随之上升，这对中国企业国际化经营的实践有积极的指导意义。王福胜（2009）也对中国企业国际化与绩效的关系进行了研究，发现两者呈线性关系，这与国外学者 B. Elango（2003）以服务业为样本的研究结论是一致的，认为中国企业国际化程度对绩效有积极的作用。王福胜选取的是沪深上市公司的样本，表明企业国际化深度对其国际化绩效有影响。马海燕（2010）以中国纺织服装上市公司为样本也做了相应的研究，研究的结论与以往的几种曲线或线性关系的结论不太一致，认为两者的关系并不能很确定地描述，它是不规律的，这与前文总结的国外学者关于国际化与绩效关系的第四个观点是相似的。马丕玉（2011）也对两者关系做了研究，他将国际化绩效细分为销售毛利率、销售净利率、净资产收益率、总资产收益率，分别检验国际化程度对它们的影响作用，结果表明国际化程度对后三种绩效有显著的正向作用，而对销售毛利率的影响是反向的。他选取的样本是进出口上市公司（163 家），这一研究结论表明，在研究国际化绩效时，将绩效指标进行细分，可以帮助企业更明确地了解国际化程度对绩效影响的具体差异，对企业的经营决策有更加详细的指导作用。

新兴市场企业的国际化以资源获取为目的（Buckley，2007；Peng，2008；江积海，2009；蒋再文，2011；何湘君，2012），作为后来者的新兴市场跨国企业，进入产业的动因是资源禀赋，后来者企业在市场和技术上处于

劣势，通过收购创新型企业的战略性资产可以缩小他们的技术差距，特别是亚洲公司，他们更倾向于通过在发达国家中直接投资获取在国内无法得到的先进技术和稀缺资源（Makino, et al., 2002）。新兴市场企业在国际化过程中，会采取激进的扩张战略，如并购发达国家优势的战略资产，这种高效的方式能帮助企业快速融入当地市场，掌控所需的资源，提升企业在海外市场的地位（Chung & Alcacer, 2002）。而国际化路径的差异会对国际化绩效产生影响。在中国这种具有代表性的新兴市场国家的情境下，国际化只有达到一定的程度后，对绩效的影响作用才明显，这也反映了在我国企业国际化过程中的规模效应（祁俊云，2011）。国际化程度不同，以资源、技术和市场获取为目的国际化绩效会有差异（Elango, 2003; Contractor, 2003; Brouthers, 2008; 杨丽丽，2009，2010; 韩伟伟，2010）。Kogut（1984）研究认为，企业要想在国际市场获得竞争优势和获取企业的灵活性，可以通过跨国网络实现企业的灵活性，而竞争优势的取得可以通过跨国交易和市场的不完全来实现，灵活性也可以来自企业在更大的国际市场而形成的范围经济，从资源基础观出发，通过海外经营使企业掌握了更多优势资源，这些优势资源可以帮助企业开拓更大的海外市场，帮助企业进行技术的革新。随着国际化程度的加深，企业国际化经验越来越丰富，企业在国际市场的地位也提升了，企业拥有更多开发和掌控资源的能力以及对核心技术的消化吸收和转化能力，从而可以获取更多的海外市场，帮助企业在海外市场扩大盈利空间。由此可见，新兴市场企业国际化绩效受到企业海外投资的动机的影响，如以扩大市场为目的的海外投资，以获取资源为目的的海外投资，以学习技术为目的的海外投资。根据以上文献的分析，我们也发现，新兴市场企业国际化程度与海外投资的动机和海外投资的绩效有关联。本章拟将新兴市场企业国际化程度作为第三方变量（调节变量），通过交互效应显著性分析（国际化动因与程度），揭示新兴市场企业国际化程度对其动因和绩效关系的影响。

综上，本章提出以下假设：

H2 新兴市场企业国际化程度在新兴市场企业国际化市场动因与国际化绩效关系中起调节作用

H3：新兴市场企业国际化程度在新兴市场企业国际化技术动因与国际化绩效关系中起调节作用

H4：新兴市场企业国际化程度在新兴市场企业国际化资源动因与国际化绩效关系中起调节作用

表5-1将以上提出的假设进行了汇总。

表 5-1　研究假设汇总表

编号	假设内容
H1	国际化动因影响国际化绩效
H1-1	新兴市场企业国际化的市场动因对其国际化绩效有正向影响
H1-1a	新兴市场企业国际化的市场动因对其海外投资回报率（ROI）有正向影响
H1-1b	新兴市场企业国际化的市场动因对其销售利润率（ROS）有正向影响
H1-1c	新兴市场企业国际化的市场动因对其净资产收益率（ROE）有正向影响
H1-2	新兴市场企业国际化的技术动因对其国际化绩效有正向影响
H1-2a	新兴市场企业国际化的技术动因对其海外投资回报率（ROI）有正向影响
H1-2b	新兴市场企业国际化的技术动因对其销售利润率（ROS）有正向影响
H1-2c	新兴市场企业国际化的技术动因对其净资产收益率（ROE）有正向影响
H1-3	新兴市场企业国际化的资源动因对其国际化绩效有正向影响
H1-3a	新兴市场企业国际化的资源动因对其海外投资回报率（ROI）有正向影响
H1-3b	新兴市场企业国际化的资源动因对其销售利润率（ROS）有正向影响
H1-3c	新兴市场企业国际化的资源动因对其净资产收益率（ROE）有正向影响
H2	新兴市场企业国际化程度在新兴市场企业国际化市场动因与国际化绩效关系中起调节作用

续　表

编号	假设内容
H3	新兴市场企业国际化程度在新兴市场企业国际化技术动因与国际化绩效关系中起调节作用
H4	新兴市场企业国际化程度在新兴市场企业国际化资源动因与国际化绩效关系中起调节作用

5.3　研究方法

5.3.1　样本与数据

本章的数据包括国家宏观层面和企业微观层面的数据，宏观层面的数据来自世界银行（Worldbank）全球治理指标（WGI）和 Hofstede 的文化维度记分，微观层面的数据采取问卷调研的方式来获取。由于大部分基于企业层面的研究要么是大致的估计、要么是针对特定企业的案例研究，此外，基于新兴经济的研究中有关企业层面一手的研究数据较为缺乏，因此，数据更为标准化、覆盖面更广、数据采集更高效。经过专家对问卷的再次评估，并给出了修改意见，同时经过同企业管理层的预访谈，我们对问卷中的部分问题进行了重新措辞，并进行问卷的小规模发放，以此来根据填表人的反馈进行了最后的修正。随后开始发放问卷。

第一，基于商务部网站上的中国企业对外投资个案，采取随机抽样的方法在这些备案的企业中抽取样本，剔除其中的外商投资企业以及一些完全无法追踪的"三无"（无企业网址、无电话、无联系人）企业，并且重点关注中国 OFDI 最多的区域：珠三角和长三角。最后，有 200 家企业包含在样本框内。我们以电子邮件、传真等方式向这 200 家企业的战略发展部、市场部、投资部、海外事业部、国际部以及类似名称的部门发放了问卷，这些部门都

是适合填写我们问卷的部门，回收有效问卷 10 份。

第二，根据珠三角、长三角各主要省份商务厅提供的近几年的境外投资企业目录，筛选出符合研究要求的调研对象。筛选的企业均在海外设有分支机构，有较高的国际化程度。与这些企业的老总或国际化业务部门的负责人联系后，为了保证问卷填写的质量和有效的回收，我们派人到联系的企业分发与回收问卷。共发放问卷 600 份，回收问卷 300 份，回收率 50%，其中有效问卷 80 份，问卷有效率 26.7%。最后，通过朋友圈、QQ 群、问卷星、MBA 班等线上线下的方式搜集问卷，共收回有效问卷 60 份，由于这些方式涉及的面较宽广，因而不太容易统计发放数量。

第三，共收回有效问卷 150 份。问卷的回收率低于预期水平，产生这种结果的原因是，随着近些年企业国际化经营的逐步深入，对此的理论研究也越来越受到重视，于是，需要做实地调研的项目也就越来越多，开展国际化经营且国际化程度相对较高的企业被调查的频率也变高了，企业相关部门的负责人也不再向初期那样热衷回应有关调研。当然，Pangarkar and Klein（2004）也指出，问卷调研这种方式在发达国家比较常见，接受度高，而在亚洲国家还没有那么高的接受度，这些原因都对本章问卷回收的情况有一定的影响作用。

5.3.2 变量的测量

1. 企业国际化动因的测量

本章将新兴市场企业国际化动因分为市场动因、技术动因和资源动因三类。Peng（2008）认为，企业国际化经营受到市场激烈竞争因素的影响，市场竞争起到推动作用。Buckley（2008）认为，获取市场份额和相关战略资本是企业国际化经营的主要动机。我们采用拓展东道国市场的方式测量新兴市场企业国际化动因（Child & Rodrigues, 2005; Buckley, 2007, 2008; Peng,

2008)。先分析新兴市场企业国际化的技术动因。技术学习可以是技术的推陈出新，打破现有的模式，产生新技术，这种技术学习就是一种生成式学习模式；也可以是在现有的技术体系内的变化，没有突破性的改变，这种技术学习是一种循环式的学习模式。鉴于技术学习的不同特征，根据Zahra等（2000）研究的成熟测量指标，本研究主要从以下几方面来反映企业国际化技术寻求动因，包括为海外市场设计新产品、改进产品的开发、完善生产制造流程、识别和获取新兴技术。K. Kojima（1978）资源寻求型动因中的"资源"可以做以下分解，包括自然资源的寻求，生产资源的寻求，生产资源也包括生产要素。本研究的新兴市场企业国际化资源动因衡量包括：获取重要的自然资源、获取品牌和渠道资源、获取和引进创新型的人力资源，见表5-2。每一个项目均用7分Liket刻度计分（1=很低，7=很高）。

表5-2 国际化动因量表

变量	条款编号	测量条款	条款来源（参考文献）
市场寻求动因	MARK	拓展东道国市场	Kojima（1978） Kim（1980） Dunning（1996） Zahra等（2000） 李朝明（2003） 田志龙（2007） 刘阳春（2008）
资源获取动因	RESO1	获取品牌和渠道资源	
	RESO2	获取重要的自然资源	
	RESO3	获取和引进创新性的人力资源	
技术学习动因	TECH1	为海外市场设计新产品	
	TECH2	改进产品的开发	
	TECH3	完善生产制造流程	
	TECH4	识别和获取新兴技术	

2. 第三方变量：国际化程度的测量

温忠麟等（2005）提到调节变量（Moderator）与中介变量（Mediator）的引入，认为它们是在研究中经常要考察的变量，通过这些变量的引入来更好地反映自变量与因变量之间的对应关系，也称第三方变量。温忠麟等认为，将调节变量引入的主要目的包括，在自变量与因变量的关系中，调节变量对两者关系的影响。这种影响可以是正负向的，也可以是强度上的影响，调节变量具有自变量的作用，也称为次自变量。对调节变量考察的作用在于了解其从方向和强度上是如何影响或改变模型中因变量和自变量两者的关系的。Baron and Kenny（1986）为了确定对因变量产生最大效应的领域，具有调节作用的第三方变量将自变量分成几个亚群。虽然调节变量有自变量的作用，但对引入了调节变量的模型在做分析时，与简单的自变量的分析是不同的，要考察其对因变量和自变量关系的影响。温忠麟等（2005）认为可以对调节变量进行结构方程模型分析。Baron and Kenny（1986）也采用层次回归与方差分析的方法对调节变量做分析。常用的调节变量的统计分析框架见图5-4。

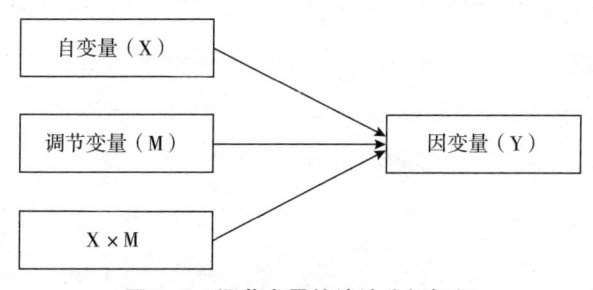

图5-4 调节变量的统计分析框架

调节变量可以是类别变量、连续变量，在考虑自变量的类别后，分析的方法是有差异的。根据Baron and Kenny（1986）的方差分析方式，这种方法要求自变量与调节变量是类别变量，而在做层次回归时，当自变量和调节变量都为连续变量时，在回归中要包括乘积项。这种方式与图5-4框架里的回归顺序是一致的，这种方式也可以用在当两个变量类别不一致时，如调节变量是连续变量，自变量为类别变量时，这时候要将自变量变成哑变量来做层次回归。有时也要用到分组回归，这时候自变量与调节变量类型也不一致，当调节变量是类别变量，自变量是连续变量。

Grant（1987）认为，对企业国际化程度的衡量必须能够反映企业国内外经营业务的重要性和相对规模。在对学者们的研究做归纳分析时发现，从定量的角度来衡量国际化程度相对较多，而定量指标却相对丰富。Morck and Yeung（1991）、Delios and Beamish（1999）等学者采用 OSTS、FETE、FATA 等单一指标来衡量之，其中 OSTS 表示的是海外子公司占全部子公司的比重、FETE 表示的是海外雇员占雇员总人数的比重、FATA 表示的是企业海外资产占总资产的比重，这些指标是从运营结构的角度来考察国际化程度。UNCTAD（2000）在对企业国际化程度做计算从而得出报告数据时，采用的指标也包括 FATA、FETE，同时将 FSTS（海外销售占总销售的比重）也引入来衡量之，取三项指标的平均值。我国学者关于国际化路径的研究最有代表性的是鲁桐的观点，鲁桐从国际化深度与广度两个方面来研究国际化程度，国际化广度衡量指标：海外经营涉及的国家数量（NCOS）、海外销售的市场离散程度（FSDP）、心理距离（CD）；国际化深度衡量指标：海外资产占总资产的比例（FATA）、海外销售占总销售的比重（FSTS）、海外雇员比例（FETE）、海外机构占全部机构的比例（FOTO）。本章结合以往的研究（UNCTAD，2010；鲁桐，2000 等），在衡量企业国际化程度时采用反映企业对海外市场上销售收入依赖程度的指标 FSTS——海外销售额占总销售额的比重来测量之。

3. 国际化绩效的测量

Sousa（2004）在研究企业国际化绩效时，认为财务指标不是主要的、唯一的衡量方式。如企业的经验、能力和资源，这些主观指标相对重要，但是难以量化。国内学者多从财务指标衡量国际化绩效，孟华（2009）从资产回报率（ROA）、净资产收益率（ROE）、销售利润率（ROS）三项财务指标来衡量国际化绩效，蒋春燕和赵曙明（2006），杨忠和张骁（2009），杨丽丽（2010），选择总销售量、总资产收益率和总销售增长率、主营业务利润率作为绩效的衡量标准。本章采用以下财务指标来衡量国际化绩效，每一个指标均用 7 分 Liket 刻度计分（1 = 很低，7 = 很高）：与同行相比，贵企业的海外投资回报率比较高；与同行相比，贵企业的销售利润率比较高；与同行相比，贵企业的净资产收益率比较高，见表 5-3。

表 5-3 企业绩效量表

变量	条款编号	测量条款	条款来源
企业绩效	PERF1	与同行相比，贵企业的海外投资回报率比较高	Contractor（2003） Sousa（2004） 蒋春燕和赵曙明（2006） 杨忠和张骁（2009） 孟华（2009）
	PERF2	与同行相比，贵企业的销售利润率比较高	
	PERF3	与同行相比，贵企业的净资产收益率比较高	

4. 控制变量

为了准确测量新兴市场企业国际化动因、路径和绩效的关系，论文对企业规模、国际化经验、东道国制度环境和国家文化距离等变量进行了控制，具体测量方式如下。

第一，企业规模。Dunning（1988）、Durand and Coeurderoy（2001）、Pan，Li and Tse（1999）、Gomes and Ramaswamy（1999）等学者的研究表明，公司绩效受到企业规模的影响，在对企业规模进行测量时采用的方式有多种。Katsikeas，Piercy and Ioannidis（1996）、Kundu and Katz（2003）等学者的研究从资产总值来衡量，也有从企业的员工人数的角度来测量的；也有学者认为用资产总值来衡量企业规模可能会存在可比性的问题，这与汇率、会计方式等有关。考虑到这些因素，本章测量企业规模的方法为：企业规模 = Ln（员工总数），取对数是对数据的去量纲化处理。

第二，国际化经验。国际化经验越多的企业，所掌握的资源可能会越多（徐江，2012）。在本章研究中控制了国际经验对新兴市场企业国际化的影响，本章用 7 分 Likert 刻度计分来检验企业国际化经验对企业国际化经营的影响程度，1 代表非常不同意，2 代表不同意，3 代表有点不同意，4 代表不确定，5 代表有点同意，6 代表同意，7 代表非常同意，用这 7 个刻度来

区分。

第三，东道国制度环境。Scott（1995）认为组织决策会受到制度环境的影响，对制度研究的理论中，大多针对发达国家的制度环境，主要对东道国的政治环境和国家风险程度做研究和关注。发达国家跨国企业与发展中国家尤其是新兴市场的跨国企业面临的制度环境有差异，大量的学者也纷纷从发展中国的跨国企业着手研究东道国制度对 FDI 的影响，如 Buss and Hefeker（2006）、Buckley 等（2007）、Wiig and Kolstad（2010）、国内学者如鲁明泓（1999）、韦军亮（2009）、吴先明（2011）、李猛和于津平（2011）等的研究。

本章采用世界银行全球治理指标（WGI）来衡量制度环境。WGI 包括 1996—2013 年间的 212 个国家和地区的单项和总的治理指标。它包括公民呼声与责任（Voice and Accountability），政治稳定和暴力缺失（Political Stability and Absence of Violence），政府效能（Government Effectiveness），规制质量（Regulatory Quality），腐败控制（Control of Corruption），法制（Rule of Law）。各指标的赋值范围是［0，100］，政府治理情况与赋值大小有正向的联系。

第四，国家文化距离。国家层面的文化差异会影响企业的跨国经营，在母国经营非常有效的模式到了东道国不一定有同样的收效。当跨国企业在周边国家经营时，这种文化差异相对较小，对企业国际化经营影响也相对小，而当企业进入到文化距离较大的国家时，例如新兴市场企业到发达国家投资时，就会面临巨大的文化障碍，增加管理上的难度，对企业的经营产生影响。按照 Hofstede（2005）的分类，国家文化可以从权力距离（PD）、个体主义（IDV）、阳刚气质（MAS）、不确定性规避（UA）和长期导向五个维度来测量。权力距离名称来源于 Mauk Mulder 的研究，表示"上下级间的情感距离"，标值越大集权度越高，下属的依附性也越大，反之，民主度高，员工的参与性更强。个体主义程度越高表明个人中心主义越强，社会联系相对松散，反之，社会联系较紧密。阳刚气质指标越高，则社会普遍认为女性是温柔、谦虚的，而男性则是坚韧的、果断的。不确定性规避指标越高，表明员工更喜欢直接和明确的指令方式，回避不确定性。长期导向意味着培育和鼓励以追求未来回报为导向的品质——尤其是坚韧和节俭。

本章文化距离的数据来源于 Hofstede 的文化记分维度。采用 Kout and Singh（1988）提出的公式来计算文化距离，用以测量母国与东道国之间的文化距离，并借以分析国家文化距离对新兴市场企业国际化绩效的影响。文化距离公式如下：

$$CD_j = \sum_{i=1}^{5} \{(I_{ij} - I_{iN})^2/V_i\}/5 \qquad (5-1)$$

公式中的指标含义如下：CD_j 指东道国 j 与母国间的文化距离，I_{ij} 是东道国 j 在第 i 个文化维度上的记分，I_{iN} 指母国在第 i 个文化维度上的记分，V_i 是每一个文化维度记分的方差。

5.3.3 调查问卷的设计

问卷包括企业基本概况、国际化动因、国际化绩效、问卷填写者个人信息四个部分。企业基本概况是第一部分内容，包括：企业的名称、企业的行业类别、企业所属的类型、企业的主要产品或服务、企业的总资产、总销售额、海外销售额占公司总销售额的比例、企业目前的员工人数、国际化经营受国际化经验影响程度、管理人员对企业绩效的评价、企业是从什么时候开始进行海外经营的、海外经营所在的国家/地区情况；国际化动因采用的是李克特7级量表，量表包括：拓展东道国市场（市场寻求动因）、为海外市场设计新产品、改进产品开发、改进产品的制造流程、识别和获取新兴技术（这四项为技术寻求动因）、获取重要的自然资源、获取品牌和渠道资源、获取和引进创新性的人力资源（这三项为获取资源）；国际化绩效采用李克特7级量表衡量：与同行相比，贵企业的海外投资回报率比较高；与同行相比，贵企业的销售利润率比较高；与同行相比，贵企业的净资产收益率比较高；问卷填写者个人信息包括：在企业的职位以及与海外业务的关系。

5.4 数据分析方法

我们使用 OLS 回归分析来检验上述假设，分析软件采用 SPSS20.0 版本。

1. 描述性统计分析

通过对样本基本资料的分析以了解样本的分布情况，此外，以平均数和标准差来描述新兴市场企业国际化动因和绩效、东道国制度环境、企业规模、国际化程度、国际化经验和文化距离，对各变量间的相关性做了相关分析，采用的是皮尔逊相关系数矩阵表。

2. 信度与效度分析

在研究中要检测指标内部一致性，也就是信度分析，这是对可靠性做的规定。Cronbach's α 系数是在研究信度时常用的测量指标。对于相对成熟的量表，系数值要求更高些，如在 0.7 以上为好；而测量指标还不成熟，则系数要求相对低些，至少要大于 0.5。进行效度分析时，做了探索性因子分析，采用主成分分析法，进而判断指标的 KMO 值，一般认为在 0.5 以上较好，用 Bartlett 球形检验显著性等来做出判断。

3. 回归分析

在研究自变量与因变量的关系时，采用线性回归分析方法，探讨新兴市场企业国际化动因对绩效的影响作用，在引入调节变量后，按照层次回归的方式，将自变量、调节变量、自变量×调节变量对因变量做回归分析，探讨新兴市场企业国际化路径对国际化动因与绩效关系影响的方向与程度。

5.5 结果与讨论

5.5.1 样本的特征描述

调查的中国企业里,股份有限公司占比为59.1%,有限责任公司占比为15.4%,国有企业占比为8.7%,私营独资企业占比为4.0%,股份合作企业占比为2.7%,集体企业占比为2.0%,私营合伙企业占比为2.0%,私营有限公司占比为2.0%,其他联营企业占比为1.3%,私营股份有限公司占比为1.3%,其他内资企业占比为0.7%,其他有限责任公司占比为0.7%。

调查的中国企业里,制造业占66%,信息传输、软件和信息技术服务业占8%,采矿业占6.3%,批发和零售业占6%,紧随其后的是电力、热力、燃气及水生产和供应业,占比为4.7%,排在第六位的是建筑业,占比为2%,排在第七位的是交通运输、仓储和邮政业,占比为2%,排在第八位的是农、林、牧、渔业,占1.3%,排在第九位的是住宿和餐饮业,占比为1.3%,排在第十位的是科学研究和技术服务业,占比为0.7%,排在第十一位的是房地产业,占比为0.7%,排在第十二位的是水利、环境和公共设施管理业,占比为0.7%,最后是文化、体育和娱乐业,占0.7%。

调查的中国企业里,企业规模及其占调查比例如下:100人以下的企业占8.1%,100~500人的企业占7.3%,501~1000人的企业占3.4%,1001~3000人的企业占12.1%,3000人以上的企业占69.1%。

5.5.2 信度与效度分析

本研究在做信度分析时采用 Cronbach's α 系数来判断可靠性,其值最好大于 0.7。本研究的效度分析采用因子分析法,判断 KMO 值,大于 0.6 为好,用 Bartlett 球形检验显著性。

1. 国际化动因问卷分析结果

对于新兴市场企业国际化动因,我们从市场动因、技术动因与资源动因三个方面来测量。其中,技术动因的测量指标包括四个方面:改进产品的开发、为海外市场设计新的产品、识别和获取新兴技术、改进产品的制造流程。用 7 分 Likert 刻度计分衡量每个项目,从 1 到 7 表示从几乎没有到高度认同程度的变化。从表 5-4 我们可看到,技术动因的测量指标可靠性很高,计算出的 α 系数高于规定的阈值水平（α=0.910）。进行效度分析时,做了探索性因子分析,采用主成分分析法,进而判断指标的 KMO 值,用 Bartlett 球形检验显著性等来做出判断。表 5-4 是对企业国际化技术动因做的信度与效度分析结果。数据表示,企业国际化的技术动因具有良好的可靠性与效度。

表 5-4 企业国际化技术动因信度效度分析结果

项目	因子载荷
企业海外经营是为海外市场设计新产品	0.826
企业海外经营是改进产品开发	0.916
企业海外经营是改进产品的制造流程	0.911
企业海外经营是识别和获取新兴技术	0.884
方差解释量（%）	78.344
Cronbach'α 系数	0.910
KMO 值	0.835
Bartlett 球形检验显著概率	0.000

资源动因的测量指标包括三个方面：获取品牌和渠道资源、获取重要的自然资源、获取和引进创新性的人力资源。指标的测量方式与技术动因的四个指标测量方式相同。从表 5-5 我们可看到，资源动因的测量指标有较好的可靠性，计算出的 α 系数高于规定的阈值水平（α=0.709）。

进行效度分析时，做了探索性因子分析，采用主成分分析法，进而判断指标的 KMO 值，用 Bartlett 球形检验显著性等来做出判断。表 5-5 是对企业国际化资源动因做的信度与效度分析结果。统计结果显示，企业国际化的资源动因具有良好的可靠性与效度。

表 5-5　企业国际化资源动因信度效度分析结果

项目	因子载荷
企业海外经营是获取品牌和渠道资源	0.822
企业海外经营是获取重要的自然资源	0.709
企业海外经营是获取和引进创新性的人力资源	0.869
方差解释量（%）	64.418
Cronbach'α 系数	0.709
KMO 值	0.628
Bartlett 球形检验显著概率	0.000

2. 国际化绩效问卷分析结果

新兴市场企业国际化绩效的测量指标包括三个方面：与同行相比，贵企业的海外投资回报率比较高；与同行相比，贵企业的销售利润率比较高；与同行相比，贵企业的净资产收益率比较高。指标的测量方式与技术动因的四个指标测量方式相同。从表 5-6 我们可看到，国际化绩效的测量指标有较高的可靠性，计算出的 α 系数高于规定的阈值水平（α=0.844）。

进行效度分析时，做了探索性因子分析，采用主成分分析法，进而判断指标的 KMO 值，用 Bartlett 球形检验显著性等来做出判断。表 5-6 是对企业国际化绩效做的信度与效度分析结果。统计结果显示，企业国际化绩效具有良好的可靠性与效度。

表 5-6　企业国际化绩效信度效度分析结果

项目	因子负荷
与同行相比，贵企业的海外投资回报率比较高	0.830
与同行相比，贵企业的销售利润率比较高	0.923
与同行相比，贵企业的净资产收益率比较高	0.881
方差解释量（%）	77.281
Cronbach'α 系数	0.844
KMO 值	0.686
Bartlett 球形检验显著概率	0.000

5.5.3 描述性统计和相关系数

表 5-7 是全部变量的描述性统计和相关系数矩阵。皮尔逊相关系数显示，变量间的相关性显著。在新兴市场企业国际化动因与绩效的模型中，新兴市场企业国际化绩效与自变量（新兴市场企业国际化的市场、资源和技术动因）显著正相关，因变量与控制变量（企业规模、国际化经验）显著正相关。调节变量（新兴市场企业国际化程度）与国际化绩效显著相关。为了检验多重共线性问题，我们对回归模型进行多重共线性诊断（VIF），市场动因与国际化绩效的 VIF 值是 1.278，技术动因与国际化绩效的 VIF 值是 1.163，资源动因与国际化绩效的 VIF 值是 1.241，国际化程度与国际化绩效的 VIF 值是 1.054，市场动因与国际化程度对国际化绩效交互效应的 VIF 值是 1.145，技术动因与国际化程度对国际化绩效交互效应的 VIF 值是 1.233，资源动因与国际化程度对国际化绩效交互效应的 VIF 值是 1.229，均小于基准值 10，因此，可以判断不存在多重共线性的问题。

表 5-7 描述性统计和相关系数矩阵

变量	均值	标准差	1	2	3	4	5	6	7	8	9
因变量											
国际化绩效	4.84	1.08	1								
控制变量											
企业规模	8.98	2.44	0.375**	1							
国际化经验	5.29	1.29	0.502**	0.206*	1						
东道国制度环境	70.03	25.56	-0.130	0.099	-0.043	1					
国家文化距离	2.83	1.77	0.048	0.111	0.035	0.419**	1				
自变量											
市场动因	5.11	1.43	0.537**	0.363**	0.248**	-0.005	0.034	1			
技术动因	4.85	1.18	0.506**	0.205*	0.248**	0.010	0.140	0.504**	1		
资源动因	4.69	1.09	0.592**	0.249**	0.363**	0.074	0.171*	0.387**	0.623**	1	
调节变量											
国际化程度	26.48	23.02	0.322**	-0.060	0.105	0.064	0.072	0.157	0.264**	0.211*	1

说明：N=150。双尾检验，** 表示相关系数在 0.01 水平上显著，* 表示相关系数在 0.05 水平上显著。

5.5.4 回归分析

1. 新兴市场企业国际化动因（市场、技术和资源）与国际化绩效

为了研究自变量（新兴市场企业国际化的市场、资源与技术动因）与控制变量（企业规模、国际化经验、国家文化距离和东道国制度环境）对国际化绩效的影响，又分别用海外投资回报率（ROI）、销售利润率（ROS）、净资产收益率（ROE）来衡量国际化绩效。本章使用线性回归分析方法（Linner Logistic Regression Analysis）来检验有关假设。应用这种统计方法是因为回归技术能结合一系列广泛的诊断，同时因变量是数值型变量，自变量则可以是包含连续型变量以及分类变量的混合体。

在本章的回归模型中，新兴市场企业国际化绩效（海外投资回报率ROI、销售利润率ROS、净资产收益率ROE）回归模型如式5-2：

$$Y = b_o + b_1 x_1 + b_2 x_2 + \cdots + b_n x_n \quad (5-2)$$

在式5-2中，有一个正的回归系数b_o，意味着当其联系变量x增加时，新兴市场企业国际化绩效就将增加。

表5-8是对国际化动因与国际化绩效关系检验的回归分析结果。回归模型的整体显著性较好，解释性强，F值均显著（$P<0.01$）。其中，模型1、模型6和模型11分别是对控制变量的检验；模型2是对假设H1-1a的检验，模型7是对假设H1-1b的检验，模型12是对假设H1-1c的检验；模型3是对假设H1-2a的检验，模型8是对假设H1-2b的检验，模型13是对假设H1-2c的检验；模型4是对假设H1-3a的检验，模型9是对假设H1-3b的检验，模型14是对假设H1-3c的检验；模型5、模型10和模型15分别是对全部变量的检验。

模型1是对控制变量的检验。结果显示，企业规模、国际化经验和文化距离对海外投资回报率有显著影响（$\beta = 0.139$、$\beta = 0.358$ 和 $\beta = 0.133$，$P<$

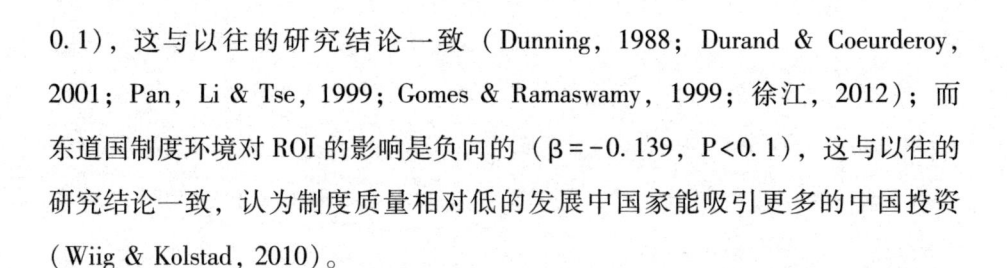

0.1），这与以往的研究结论一致（Dunning，1988；Durand & Coeurderoy，2001；Pan, Li & Tse, 1999；Gomes & Ramaswamy, 1999；徐江，2012）；而东道国制度环境对 ROI 的影响是负向的（β=-0.139，P<0.1），这与以往的研究结论一致，认为制度质量相对低的发展中国家能吸引更多的中国投资（Wiig & Kolstad, 2010）。

模型 2 显示，新兴市场企业国际化市场动因对其海外投资回报率有显著正的影响（β=0.325，P<0.01），假设 H1-1a 获得了支持，这与以往的研究结论一致。如 Coviello（1999）指出，为了避开国内市场不景气，企业会进行国际化经营，而有些先行者企业在国内市场还没有受到威胁时，就积极向有潜力的国际市场进军，为了更好地进军海外市场，前期做充分的准备工作，如市场信息的收集等，从而建立企业在海外市场的竞争优势。Weston 等（2001）认为，企业通过国际化共享技术研发或生产制造方面的资源，从而产生规模经济，获取更多的市场，实现企业竞争力提升。与以往研究有差异的地方是研究的背景的不同。本章以新兴市场跨国企业为背景，而不是以发达国家成熟的跨国企业为背景。本研究的结果表明，以获取市场为出发点的企业国际化经营，可以提升企业的海外投资回报率。

模型 3 显示，新兴市场企业国际化技术动因对其海外投资回报率有显著正的影响（β=0.505，P<0.01），假设 H1-2a 获得了支持，这与以往的研究一致。Yamakawa（2008）认为，国际化过程本身是一个学习的过程，学习国外先进的知识、信息、技能、经验，获取更多的母国环境下不具备的技术技能，在国际化过程中，通过技术的提升，提高产品的性能与质量、设计出创新性的产品、领先市场，帮助企业获取更多的市场空间，提升企业国际化的绩效。本章在支持以往的研究基础上，以新兴市场跨国企业为研究背景，更深入地阐明了以技术寻求为动因的企业国际化对其海外投资回报率有积极的影响，与比较优势理论观点不同的是，不具备技术优势的新兴市场跨国企业采取收购的方式，帮助企业获取核心技术，实现技术追赶，提升企业的长期

竞争优势。

模型4显示,新兴市场企业国际化资源动因对其海外投资回报率有显著正的影响（β=0.504，P<0.01），假设H1-3a获得了支持，这与以往的研究结论一致。为了规避国内市场资源不足的限制，企业将目光投向国际市场丰富的资源，通过与海外企业的合作合资，企业可以获取合作企业的资源，提高企业在国际市场的生存能力，加速国际化进程，实现企业跨越式发展（Hakansson & Snehota，1989；Etemad，1999；Mathew，2003）。与以往研究有差异的地方是研究的背景不同，本章以新兴市场跨国企业为背景，而不是以发达国家成熟的跨国企业为背景。新兴市场国家进入国际化市场的时间相对较晚，通过国际化经营，帮助企业获取战略资源，弥补后发企业的资源劣势，实现跨越式发展。

模型5是对新兴市场企业国际化市场、技术和资源动因的全部检验，结果表明，新兴市场企业国际化技术动因和资源动因对其海外投资回报率有显著正的影响（β=0.275，β=0.282，P<0.01），假设H1-2a、H1-3a进一步被证实，这与Buckley（2007）、Peng（2008）等学者的研究一致。所不同的是，本章是针对新兴市场企业国际化，中国企业国际化是在自身缺乏比较优势的情况下进行的，本章的研究结果表明，以资源和技术为动因的国际化可以提高企业的海外投资回报率。

模型6是对控制变量的检验，结果显示，除东道国制度环境对ROS的影响为负外（β=-0.140，P<0.1），企业规模和国际化经验对销售利润率有显著正的影响（β=0.388和β=0.297，P<0.01）。这在以往的研究文献中也有呈现，如一些研究也证明了企业规模对公司绩效有影响（Dunning，1988；Durand & Coeurderoy，2001；Pan，Li & Tse，1999；Gomes & Ramaswamy，1999）。国际化经验越多的企业，所掌握的资源可能会越多（徐江，2012），从而对企业国际化经营产生影响。

模型7结果显示，新兴市场企业国际化市场动因对销售利润率有显著正的影响（β=0.240，P<0.01），假设 H1-1b 获得了支持，即新兴市场企业国际化市场动因对其销售利润率有显著正向影响，这与以往的研究结论一致。Buckley（2007）认为，企业国际化市场动因是企业出于开辟新市场、提高销量、降低成本、获取廉价的或是稀缺的资源、发展规模经济等市场相关动机而采取国际化行为。本章的研究结论在支持以往的研究结果的同时，充实了以往的研究，强调以寻求市场为目标的企业国际化可以提升企业的销售利润率。

模型 8 结果显示，新兴市场企业国际化技术动因对销售利润率有显著正的影响（β=0.292，P<0.01），假设 H1-2b 获得了支持，即新兴市场企业国际化技术动因对其销售利润率有显著正向影响，这与以往的结论一致。Litvak（1990）、Dosi（1990）、Coviello（1999）等学者对企业国际化的技术驱动因素做了研究，技术更新的速度与国际化市场的扩大是有关系的，随着企业研发费用的升高，要弥补这些费用，企业应该加快对国际市场的扩张，而技术的创新，使企业获取更多的国际市场份额，而这个过程是循环的，企业技术的不断创新，对国际市场份额的需要也就越大。本研究从新兴市场企业的角度，进一步证实以技术寻求为动因的企业国际化对其销售利润率有积极的影响作用。

模型 9 结果显示，新兴市场企业国际化资源动因对销售利润率有显著正的影响（β=0.400，P<0.01），假设 H1-3b 获得了支持，即新兴市场企业国际化技术动因对其销售利润率有显著正向影响，这与以往的研究结论一致。Moon（1993）认为资源和要素的不平衡导致了发展中国家的对外投资，特别是向发达国家的投资。Makino（2002）在研究企业国际化动因时，以新兴工业化国家为背景，分析其动机主要是获取战略资源，尤其是针对发达国家的投资，这一目的更加明显，这与资源利用的观点是不同的，资源利用观点强调的是利用已有的资源，而新兴工业化国家在不具备资源优势的情况下，对发达国家的投资主要是以获取资源为目的，通过获取的战略资源实现企业能

力与优势的提升。本章的实证进一步表明,新兴市场企业国际化资源获取的动因可以帮助企业实现能力与竞争优势的提升。

模型 10 是对新兴市场企业国际化市场、技术与资源动因的检验,结果表明,新兴市场企业国际化市场与资源动因对其国际化绩效有显著正的影响($\beta=0.131$ 和 $\beta=0.358$,$P<0.1$),假设 H1-1b、H1-3b 被进一步证实,表明以市场和资源为动机的新兴市场企业国际化对其海外投资回报率和净资产收益率有积极的作用。

模型 11 是对控制变量的检验,结果显示,国际化经验和企业规模两变量对净资产收益率有显著正的影响($\beta=0.395$ 和 $\beta=0.309$,$P<0.01$),东道国制度环境对 ROE 的影响是负的($\beta=-0.169$,$P<0.05$)。Dunning(1988),Durand & Coeurderoy(2001),徐江(2012)的研究表明,企业规模和企业国际化经验对企业国际化经营有影响;Wiig and Kolstad(2010)对制度环境对国际化影响的研究结论与本章相一致。

模型 12 显示,新兴市场企业国际化市场动因对净资产收益率有显著正的影响($\beta=0.206$,$P<0.01$),假设 H1-1c 获得了实证支持,即新兴市场企业国际化市场动因对其净资产收益率有正向影响,这与以往的研究结论一致。国内学者鲁桐(2000)、李朝明(2003)、刘斌(2003)等认为,我国企业国际化在很大程度上受到国外市场、国际市场信息和资源的吸引,企业国际化经营是为了扩大国际市场份额,及时掌握本行业的市场动态,通过对外直接投资的渠道学习国外的先进技术和管理经验。本章在支持以往的研究结论的同时,进一步阐明了以市场需求为主要动机的新兴市场企业国际化可以提升企业的净资产收益率。

模型 13 显示,新兴市场企业国际化技术动因对净资产收益率有显著正的影响($\beta=0.268$,$P<0.01$),假设 H1-2c 获得了实证支持,即新兴市场企业国际化技术动因对其净资产收益率有正向影响,这与以往的研究一致。国内学者江积海(2009),蒋再文(2011),何湘君(2012)认为,后来者

(Latecomer）企业进入产业的动因是资源禀赋，后来者企业在市场和技术上处于劣势，可以通过技术学习来实现赶超。本研究在支持以往的研究的基础上，证实以技术寻求为动因的企业国际化对其净资产收益率有积极的影响。

模型 14 显示，新兴市场企业国际化资源动因对净资产收益率有显著正的影响（β=0.369，P<0.01），假设 H1-3c 获得了实证支持，即新兴市场企业国际化资源动因对其净资产收益率有正向影响，这与以往的研究结论一致。Peng（2008）认为，学习动因指的是企业国际化是为了获取国外先进的知识、信息以及技能、经验，是以学习为主要目的；Barney（1986）认为，企业资源影响资源价值的期望从而影响企业经济绩效，新兴市场企业进行国际化经营，帮助企业获取了更多的关键资源，弥补资源劣势，提升企业的竞争力，从而对企业绩效提升起到积极作用。

模型 15 是对新兴市场企业国际化市场、技术和资源动因的检验，结果显示，新兴市场企业国际化资源动因对净资产收益率有显著正的影响（β=0.333，P<0.01），假设 H1-3c 被进一步证实。这与 Peng（2008）、Barney（1986）、Mathew（2003）、Grant（1991）、Fay（2002）等人的研究结论一致。

2. 新兴市场企业国际化动因与国际化程度对国际化绩效的交互效应

表 5-9 是回归分析结果，回归模型的整体显著性较好，解释性强，F 值均显著（P<0.01）。其中，模型 1 是对全部控制变量的检验，模型 2 在模型 1 的基础上加入了自变量和调节变量，模型 3 是对假设 H2 的检验，模型 4 是对假设 H3 的检验，模型 5 是对假设 H4 的检验，模型 6 是对所有变量和三个交互项的全部检验。

模型 1 显示，企业规模、国际化经验两个控制变量对国际化绩效有显著正的影响（β=0.338 和 β=0.369，P<0.01），这与以往的研究结论一致（Dunning，1988；Durand & Coeurderoy，2001；Pan，Li & Tse，1999；Gomes & Ramaswamy，1999；徐江，2012）。即使加入自变量与调节变量后，这种影响

表 5-8 新兴市场企业国际化动因与国际化绩效的回归结果

变量	模型 1 (ROI)	模型 2 (ROI)	模型 3 (ROI)	模型 4 (ROI)	模型 5 (ROI)	模型 6 (ROS)	模型 7 (ROS)	模型 8 (ROS)	模型 9 (ROS)	模型 10 (ROS)	模型 11 (ROE)	模型 12 (ROE)	模型 13 (ROE)	模型 14 (ROE)	模型 15 (ROE)
控制变量															
企业规模	0.139* (0.04)	0.010 (0.05)	0.020 (0.04)	0.025 (0.04)	-0.035 (0.04)	0.388*** (0.03)	0.293*** (0.04)	0.319*** (0.03)	0.297*** (0.03)	0.253*** (0.03)	0.395*** (0.03)	0.313*** (0.04)	0.331*** (0.03)	0.310*** (0.03)	0.276*** (0.03)
国际化经验	0.358*** (0.08)	0.306*** (0.08)	0.242*** (0.07)	0.207*** (0.08)	0.192*** (0.07)	0.297*** (0.06)	0.258*** (0.06)	0.230*** (0.06)	0.177*** (0.06)	0.167*** (0.06)	0.309*** (0.06)	0.276*** (0.06)	0.248*** (0.06)	0.199*** (0.06)	0.191*** (0.06)
东道国制度环境	-0.139*** (0.01)	-0.134* (0.01)	-0.128*** (0.01)	-0.162*** (0.01)	-0.144** (0.01)	-0.140* (0.01)	-0.137*** (0.01)	-0.133*** (0.01)	-0.158** (0.01)	-0.155** (0.01)	-0.169*** (0.01)	-0.166*** (0.01)	-0.163*** (0.01)	-0.186*** (0.01)	-0.183*** (0.01)
国家文化距离	0.133* (0.06)	0.131* (0.06)	0.104 (0.05)	0.084 (0.06)	0.089 (0.05)	0.015 (0.05)	0.014 (0.05)	-0.002 (0.05)	-0.024 (0.04)	-0.021 (0.04)	0.074 (0.05)	0.073 (0.05)	0.059 (0.05)	0.038 (0.04)	0.041 (0.04)
自变量															
市场动因		0.325*** (0.08)			0.115 (0.08)		0.240*** (0.06)			0.131* (0.06)		0.206*** (0.06)			0.103 (0.06)
技术动因			0.505*** (0.08)		0.275*** (0.11)			0.292*** (0.07)		0.006 (0.09)			0.268*** (0.07)		0.010 (0.09)
资源动因				0.504*** (0.09)	0.282*** (0.12)				0.400*** (0.07)	0.358*** (0.10)				0.369*** (0.07)	0.333*** (0.09)
R^2	0.197	0.279	0.396	0.402	0.460	0.313	0.358	0.387	0.442	0.455	0.337	0.37	0.398	0.446	0.454
Adjusted R^2	0.175	0.254	0.416	0.381	0.433	0.294	0.336	0.365	0.423	0.428	0.318	0.348	0.377	0.427	0.428
F 值	8.874***	11.160***	20.523***	19.333***	17.269***	16.527***	16.080***	18.158***	22.836***	16.929***	18.386***	16.893***	19.061***	23.231***	16.901***
自由度	4	5	5	5	7	4	5	5	5	7	4	5	5	5	7

说明：N=150。双尾检验，* P<0.10；** P<0.05；*** P<0.01。括号内为标准误差。

仍然显著，这与本章前文的回归分析的结论是一致的；控制变量，即东道国制度环境对国际化绩效的影响是负向的（β=-0.169，P<0.05），这与以往的研究结论一致，认为制度质量相对低的发展中国家能吸引更多的中国投资（Wiig and Kolstad，2010），中国对外投资活动与东道国制度有关联，东道国制度越好，反而越会阻碍中国对其的投资（于津平，2011），也与本章的实证结果相似。

模型 2 结果显示，控制变量（企业规模、国际化经验和东道国制度环境）依然对因变量有显著的影响（β=0.211、β=0.197 和 β=-0.202，P<0.01），市场动因对国际化绩效有显著积极影响（β=0.120，P<0.1），这与以往的研究结论一致。Coviello（1999）、Weston 等（2001）、Buckley（2007）、鲁桐（2000）、李朝明（2003）、刘斌（2003）的研究也表明以寻求市场为目的的企业国际化对企业能力和竞争优势的提升有积极的作用。资源动因对国际化绩效有显著积极影响（β=0.335，P<0.01），这与以往的研究结论一致。为了规避国内市场资源不足的限制，企业将目光投向国际市场丰富的资源，通过与海外企业的合作合资，企业可以获取合作企业的资源，提高企业在国际市场的生存能力，加速国际化进程，实现企业跨越式发展（Hakansson & Snehota，1989；Etemad，1999；Mathew，2003）。与以往研究有差异的地方是研究的背景不同，本章以新兴市场跨国企业为背景，而不是以发达国家成熟的跨国企业为背景。调节变量，即国际化程度对国际化绩效有显著影响（β=0.150，P<0.01），这与 B. Elango（2003）、Contractor（2003）、鲁慧玲（2008）、王福胜（2009）、马海燕（2010）、马丕玉（2011）等学者的研究结果相呼应。

模型 3 结果表明，控制变量（企业规模、国际化经验和东道国制度环境）依然对因变量有显著的影响（β=0.224、β=0.184 和 β=-0.202，P<0.01），资源动因对国际化绩效有显著积极影响（β=0.365，P<0.01），市场动因与国际化程度的交互效应显著（β=0.319，P<0.01），因此，假设 H2 获

得了实证支持，即新兴市场企业国际化程度在国际化市场动因与国际化绩效关系中起调节作用。

模型4是对控制变量、自变量、调节变量和技术动因与国际化绩效的交互项的检验，结果表明，控制变量（企业规模、国际化经验和东道国制度环境）依然对因变量有显著的影响（β=0.206、β=0.195和β=-0.197，P<0.01），市场动因对国际化绩效有显著积极影响（β=0.139，P<0.05），资源动因对国际化绩效有显著积极影响（β=0.365，P<0.01），技术动因与国际化程度的交互效应不显著（β=0.213，P>0.1）。

模型5是对控制变量、自变量、调节变量和资源动因与国际化绩效的交互项的检验，结果表明，控制变量（企业规模、国际化经验和东道国制度环境）依然对因变量有显著的影响（β=0.212、β=0.209和β=-0.205，P<0.01），市场动因对国际化绩效有显著积极影响（β=0.156，P<0.05），资源动因对国际化绩效有显著积极影响（β=0.282，P<0.01），资源动因与国际化程度的交互效应显著（β=0.309，P<0.01），因此，假设H4获得了实证支持，即新兴市场企业国际化程度在国际化资源动因与国际化绩效关系中起调节作用。

模型6是对控制变量、自变量、调节变量和三个交互项的全部检验，结果表明，控制变量（企业规模、国际化经验和东道国制度环境）依然对因变量有显著的影响（β=0.239、β=0.195和β=-0.214，P<0.01），技术动因对国际化绩效有显著影响（β=0.151，P<0.1），资源动因对国际化绩效有显著影响（β=0.282，P<0.01），市场动因与国际化程度的交互效应显著（β=0.431，P<0.05），假设H2也被进一步证实，即新兴市场企业国际化程度在国际化市场动因与国际化绩效关系中起积极调节作用，技术动因与国际化程度的交互效应显著（β=-0.390，P<0.1），因此，假设H3也获得了实证支持，即新兴市场企业国际化程度在国际化技术动因与国际化绩效关系中起负向调节作用，表明企业国际化程度越深，以技术寻求为主要动机的国际化对

其绩效是有负向影响的。

表5-9 交互效应回归分析

变量	模型1	模型2	模型3	模型4	模型5	模型6
控制变量						
企业规模	0.338*** (0.03)	0.211*** (0.03)	0.224*** (0.03)	0.206*** (0.03)	0.212*** (0.03)	0.239*** (0.03)
国际化经验	0.369*** (0.06)	0.197*** (0.05)	0.184*** (0.05)	0.195*** (0.05)	0.209*** (0.05)	0.195*** (0.05)
东道国制度环境	-0.169** (0.01)	-0.202*** (0.01)	-0.202*** (0.01)	-0.197*** (0.01)	-0.205*** (0.01)	-0.214*** (0.01)
国家文化距离	0.089 (0.04)	0.053 (0.04)	0.047 (0.04)	0.043 (0.04)	0.048 (0.04)	0.058 (0.04)
自变量						
市场动因		0.120* (0.05)	0.082 (0.05)	0.139** (0.05)	0.156** (0.05)	0.069 (0.06)
技术动因		0.089 (0.08)	0.069 (0.08)	0.040 (0.08)	0.088 (0.08)	0.151* (0.09)
资源动因		0.335*** (0.08)	0.365*** (0.08)	0.365*** (0.08)	0.282*** (0.08)	0.282*** (0.10)
调节变量						
国际化程度		0.150*** (0.01)	-0.110 (0.01)	-0.021** (0.01)	-0.103 (0.01)	-0.126 (0.01)
交互效应						
市场动因×国际化程度			0.319*** (0.01)			0.431** (0.01)
技术动因×国际化程度				0.213 (0.01)		-0.390* (0.01)
资源动因×国际化程度					0.309*** (0.01)	0.291 (0.01)
R^2	0.339	0.579	0.605	0.591	0.601	0.613

续　表

变量	模型1	模型2	模型3	模型4	模型5	模型6
调整后的R^2	0.321	0.555	0.580	0.565	0.575	0.582
F值	18.627***	24.237***	23.831***	22.471***	23.425***	19.869***
自由度（df）	4	8	9	9	9	11

说明：N=150。双尾检验，* $P<0.10$；** $P<0.05$；*** $P<0.01$。括号内为标准误差。

5.6　研究结果汇总分析

5.6.1　假设检验结果汇总

表5-10是对本章实证研究结果的汇总。

表5-10　假设检验结果汇总

序号	假设	检验结果
H1	国际化动因影响国际化绩效	+
H1-1	新兴市场企业国际化的市场动因对其国际化绩效有正向影响	+
H1-1a	新兴市场企业国际化的市场动因对其海外投资回报率（ROI）有正向影响	+
H1-1b	新兴市场企业国际化的市场动因对其销售利润率（ROS）有正向影响	+
H1-1c	新兴市场企业国际化的市场动因对其净资产收益率（ROE）有正向影响	+
H1-2	新兴市场企业国际化的技术动因对其国际化绩效有正向影响	+
H1-2a	新兴市场企业国际化的技术动因对其海外投资回报率（ROI）有正向影响	+
H1-2b	新兴市场企业国际化的技术动因对其销售利润率（ROS）有正向影响	+

续 表

序号	假设	检验结果
H1-2c	新兴市场企业国际化的技术动因对其净资产收益率（ROE）有正向影响	+
H1-3	新兴市场企业国际化的资源动因对其国际化绩效有正向影响	+
H1-3a	新兴市场企业国际化的资源动因对其海外投资回报率（ROI）有正向影响	+
H1-3b	新兴市场企业国际化的资源动因对其销售利润率（ROS）有正向影响	+
H1-3c	新兴市场企业国际化的资源动因对其净资产收益率（ROE）有正向影响	+
H2	新兴市场企业国际化程度在新兴市场企业国际化市场动因与绩效中起调节作用	+
H3	新兴市场企业国际化程度在新兴市场企业国际化技术动因与绩效中起调节作用	−
H4	新兴市场企业国际化程度在新兴市场企业国际化资源动因与绩效中起调节作用	+

5.6.2 结论与讨论

1. 基本结论

新兴市场企业发展势头迅猛，在国际市场中占据重要地位，Mathews（2006），Luo and Tung（2007），Gubbi（2010）等认为，国际化过程对于处于后发劣势的新兴市场企业来说，可以实现对获取的资源、市场和技术的有效整合，建立新的优势，而不是依靠已有的优势。然而，针对新兴市场企业进行体系性研究的文献还不多，将新兴市场跨国企业的动因、路径与绩效结合起来的研究也是新兴市场企业国际化研究领域的新思路。本章从资源基础观的视角，分析了新兴市场企业国际化动因、路径与绩效，构建理论体系，提出了由新兴市场企业国际化市场、技术和资源动因为自变量，新兴市场企业国际化路径为调节变量，新兴市场企业规模、国际化经验、东道国制度环境和国家文化距离为控制变量的作用机制分析框架，并以中国这一典型的新兴市场企业为研究背景进行了实证检验。通过对150个企业的样本统计分析，发现新兴市场企业国际化市场、技术与资源动因对新兴市场企业海外投资回报率、销售利润率和净资产收益率均有显著正的影响作用，调节变量，即新兴市场企业国际化程度的作用也是显著的，其中，新兴市场企业国际化程度对新兴市场企业国际化技术动因与绩效的关系有显著负向调节作用，而在新兴市场企业国际化的市场、资源动因和绩效的关系中起到相反的调节作用，即积极的影响作用。

2. 理论贡献

本章的理论贡献主要有以下几点：

（1）从资源基础视角提出了新兴市场企业国际进程中动因、路径与绩效的作用机制分析框架

以往文献对企业国际化的系统研究主要针对发达国家跨国企业，例如Hymer（1960）、Vernon（1966）、Cavusgil（1980，1982）、Buckley and Casson（1976）、Kojima（1978）、Dunning（1977，1996，1998）的研究；针对新兴市场企业国际化的研究则有Deng（2004）、Child（2005）、Yiu and Makino（2002）、Mathews（2006）、Luo and Tung（2007）、Gubbi（2010）的研究，但研究理论相对分散。本研究从资源基础视角出发，系统地探讨了新兴市场企业国际化动因、路径和绩效的理论体系和作用机制，并经过了实证检验，将新兴市场企业国际化动因细分为市场、资源与技术动因，从国际化程度（深度）的角度分析新兴市场企业国际化路径。新兴市场企业国际化绩效用海外投资回报率、销售利润率和净资产收益率来测量。本研究首次将新兴市场企业国际化路径作为调节变量引入其国际化动因与绩效关系中。研究表明，国际化程度对基于市场、资源和技术动因的国际化绩效有显著调节作用，这一综合的分析框架，对现有的新兴市场企业国际化理论做了极大的补充，

是新兴市场企业国际化研究的新视角和整合框架,为后续新兴市场企业国际化的理论和实证研究奠定了基础,也扩充了企业国际化理论。

(2)揭示了新兴市场企业国际化的驱动因素和新兴市场企业国际化绩效提升的影响因素

传统的跨国公司理论将垄断优势作为企业跨国经营的前提条件。企业海外经营时应该具备相应的垄断优势,在与投资国当地市场企业抗衡时才能有优势取胜,从而取得海外市场的成功(Hymer,1960;Dunning,1977)。本章的研究以新兴市场跨国企业为背景,探讨其相异之处,也是对已有研究的一种扩充,探讨缺乏垄断优势的新兴市场企业也可以成功开展跨国经营,新兴市场企业国际化经营不是利用已有的优势,而是建立新的优势。新兴市场企业在国际化过程中不屈从于现有的格局,突破路径依赖,实现技术追赶,与发达国家跨国企业抗争,不再依赖于已拥有的资源,而是将国际扩张作为获取战略资源的跳板,通过收购或者购买成熟的跨国公司的关键资产克服后发劣势(Luo and Tung,2007;Child,2005;Mathews,2002)。研究表明,以寻求市场、技术和资源为目的的新兴市场企业国际化可以获取更高的国际收益。在国际化道路上与发达国家企业的国际化有明显的不同,它们通过国际化可以弥补后发劣势,实现企业国际化经营绩效的提升,这些结论在一定程度上是对现有跨国企业理论的拓展。

(3)从新兴市场企业国际化路径角度揭示了新兴市场企业国际化绩效提升的条件

以往的文献主要是研究国际化程度对国际化绩效的影响作用,例如Johanson and Vahlne(1977)、Sousa(2004)、蒋春燕和赵曙明(2006)、杨忠和张骁(2009)、杨丽丽(2010)的研究,缺乏从新兴市场企业国际化路径的角度揭示新兴市场企业国际化绩效提升条件的文献。本章首次将新兴市场企业国际化路径作为调节变量引入,探讨新兴市场企业国际化绩效提升的条件。研究表明,当新兴市场企业国际化程度越深时,以寻求市场和资源为动因的新兴市场企业国际化对其国际化绩效的提升越有积极的影响作用，而以寻求技术为动因的新兴市场企业国际化对其国际化绩效的影响则是负向的，这一实证结论在一定程度上明晰了人们对新兴市场企业国际化绩效提升的条件的认识，为后续的研究提供理论基础。

3. 管理实践启示

本章的研究结果对新兴市场企业国际化实践有重要的指导意义。

（1）以寻求市场为目的的新兴市场企业国际化对其国际化绩效有重要影响作用

经济一体化程度越来越高，世界市场形成一体，作为后来者的新兴市场跨国企业面对的竞争对手数量会越来越多且实力会越来越强。如何在国际市场上占有一席之地成为企业关注的主要问题。新兴市场跨国企业进入国际市场的时间不长，后发劣势明显，企业可以通过并购合资等方式，快捷获取海外销售网络。研究也表明，以获取市场为目的的新兴市场企业国际化对其国际化绩效有重要影响作用，因而，新兴市场企业在国际化水平不高的情况下，应该加大力度扩张其海外市场，例如大连机床并购美国的英格索尔和德国的兹默曼，以资本换取市场，获得了海外经营绩效。与此同时，海外销售占总销售的比重越高，对以市场为主要目的新兴市场企业国际化绩效越具有积极作用，也就是说，新兴市场企业在国际化过程中，要努力提升其国际化程度，提升企业海外销售的份额，在扩张市场的同时，可以有更好的投资回报，对企业的能力和竞争优势的提升是有极大帮助的。

（2）以寻求技术为目的的新兴市场企业国际化对其国际化绩效有重要影响

发达国家企业在技术上往往具有领先优势。为了获取企业所需的技术，新兴市场企业在其国际化初期不应是等待时机的态度，而应该以积极主动的方式进行逆向的对外直接投资，如对发达国家 R&D（Research & Development，科学研究与试验发展）能力较强的企业或部门以并购或合资的方式获取其关键技术或研发能力。而当企业国际化程度深入的时候，应转变其海外投资动机。本章的实证研究发现，以获取技术为目的的新兴市场企业国际化对其国际化绩效有影响作用。例如，北一机床收购德国的科堡公司实现了技术的成功转移，采取的就是逆向的并购方式获取所需的技术，研发能力也在北一机床形成，从而推动北一机床长期绩效的提升。但是值得注意的是，随着国际化程度的深入，这种影响作用会变成负向的。也就是说，当新兴市场企业的海外销售占总销售额的比重变大时（即国际化程度加深时），以寻求技术为目的新兴市场企业国际化的绩效反而是下降的。这项研究发现对企业经营管理有重要参考价值，企业应该在国际化程度不深时，加强对技术的学习引进，对国际化绩效的提升有积极的作用，而当企业国际化程度深入时，企业应该考虑是否改变其国际化经营动机的侧重点，否则会对绩效有反向的作用。

（3）以寻求资源为目的的新兴市场企业国际化对其国际化绩效有重要影响作用

依据资源基础理论的观点，存在不同的企业绩效原因是资源带来的持续竞争优势。资源是异质的，企业的资源是独特的，它符合稀缺性、价值性、难以替代性和难以模仿性的特点。企业的战略资源的形成具备社会复杂性，存在于特定的历史条件下，因而能把企业与其他企业隔开，产生持续的竞争优势。新兴市场企业对各种战略资源和自然资源依赖程度大，为了保障本国经济的发展，有必要到海外寻求资源，进行外向型直接投资，获取战略资产，增强企业自身的能力和竞争优势。研究表明，以寻求资源为目的的新兴市场企业国际化对其国际化绩效有积极的影响作用。例如，沈阳机床并购德国希斯，获取了目标企业的团队与品牌等资源，提升了企业的长期绩效。与此同时，新兴市场企业国际化程度越深时，也即海外销售占总销售的份额越大时，这种影响会更加明显。因而，新兴市场企业应努力提升其国际化程度，在海外积极寻求企业所需的战略资源的同时，可以有更好的投资回报，对企业的能力和竞争优势的提升是有极大帮助的。

5.7 本章小结

从资源基础观视角，对新兴市场企业国际化的资源、市场、技术动因做了理论梳理和归纳，对新兴市场企业国际化路径和绩效做了理论总结和提炼，构建了一个整合的理论分析框架，并提出相应的理论假设。在验证理论模型时采用问卷调查的方式来做实证分析，通过搜集国家宏观层面的数据和企业微观层面的数据来做相应的分析，从而研究新兴市场企业国际化动因对绩效的影响、新兴市场企业国际化程度这一调节变量对新兴市场企业国际化动因和绩效关系的影响。后续还对问卷设计、收集方式、数据的信度和效度分析、相关与回归分析等方法做了详细介绍。本章在设计量表前，分析了以往研究内容，针对不一致的地方做了总结归纳，形成了本章的调查问卷。问卷收回后，形成规范的分析报告，包括前期的信度与效度分析，后续对样本资料进行的相关与回归分析，对实证检验的结果进行了汇总，最后做了讨论分析。

第6章
新兴市场企业国际化区位选择：来自中国企业的证据

第6章 新兴市场企业国际化区位选择：来自中国企业的证据

中国企业海外投资势头迅猛，对外直接投资呈逐渐上升趋势，据近几年中国对外直接投资统计公报显示，中国对外投资流量连续十年增长，尤其是最近几年，上升比例高涨。由于母国与东道国存在文化差异，对文化相近或差异显著的东道国的选择会对企业的海外投资产生重要影响，而东道国的制度环境也是影响企业海外投资的关键因素。区位选择是企业海外投资的重要战略决策，关乎企业海外投资的成败。梳理国家文化距离对企业海外投资影响的文献发现，研究将国家文化距离作为控制变量探讨其对我国企业海外投资区位选择的影响，如吴先明和胡翠平（2015）在研究国际化动因、制度环境与区位选择时将国家文化距离作为控制变量引入，认为国家文化距离对我国企业海外投资区位选择负相关。也有将国家文化距离作为非正式制度的变量来考察其对企业海外投资的影响，如邓明（2012）将文化距离作为非正式制度研究其对中国OFDI区位选择，表明制度的差异对中国企业海外投资有反向作用。但是将国家文化距离作为独立的自变量引入，研究其对我国企业海外投资区位选择的文献还很缺乏且研究结论不一致。本章拟从这一新视角来研究并试图提升研究结论的统一性。近期的研究表明，我国企业海外投资区位选择受到了制度因素的影响，但是尚没有形成一致的结论。例如Kolstad and Wiig（2009）的研究表明，中国企业在非OECD[①]国家的投资主要投向资源丰富且制度质量较差的国家。Cheung and Qian（2009）研究发现，东道国制度因素对于中国企业而言影响不显著。鉴于此，论文试图将制度环境作为重要变量引入，考察其对我国企业海外投资的区位选择，进一步论证现有的

[①] OECD：Organization for Economic Cooperation and Development，经济合作与发展组织，简称经合组织，由38个成员国组成。

结论，提升其普适性。

6.1 理论背景与研究假设

6.1.1 国家文化距离与区位选择

母国与东道国之间在文化认知维度上的差异，对企业海外投资有多方面影响。认知维度上的差异使得很多经营理念、模式在东道国用的效果不如在母国用得好，且收效差异明显，可见文化差异对国际化企业有着很大的影响。学者们对文化距离对双边贸易的影响进行了大量的研究，主要从文化的相似性和文化差异的角度来分析国家文化对对外贸易的影响。有些学者认为，相近的文化会促进两国间的贸易。Min Zhou（2011）认为，文化差异对国家间的贸易是不利的，相似或相近的文化则更有利于两国间的贸易。Gabriel J. F. and Farid T.（2010）认为，相近的文化有利于提高亲和力和降低贸易成本，从而对双边贸易产生重要影响。Elsass and Veiga（1994）也认为，文化差异对企业开展国际化经营是有阻碍作用的，增加了交流的难度。学者们针对文化距离对国际贸易的影响做了大量的研究，认同相近的文化更有利于国际贸易，差异大的文化不利于两国间的贸易。文化距离对我国企业海外投资区位选择的理论却并不系统。刘晓玲（2014）认为，当母国与东道国的文化认知维度差异显著时，会增强国际化企业管理上的难度，使得本国的母公司和海外的子公司的交流和信息传递变得困难。张吉鹏和衣长军（2014）将文化距离作为情景变量引入，考察其在东道国技术禀赋与中国企业OFDI区位选择的调节作用，表明文化距离负向调节了技术装备、创新能力的正向影响。郑莹、阎大颖和任兵（2015）将文化距离作为制度壁垒来研究其对企业海外投资的区位选择，实证结果表明，文化距离对企业的海外投资有负向的作用。

也有学者持不同的观点，蒋冠宏（2015）研究了文化距离与我国企业海外投资的风险，结果表明文化距离与企业风险的关系呈现先下降后上升的趋势，当文化距离控制在一定的范围内时，企业的风险是降低的，但是，文化距离也不可过大，否则会产生负效应，增加了企业的风险。这与以往的研究结论存在较大差异，文化距离并不一定总是对中国企业海外投资产生负向的影响作用。鉴于以往研究结论的差异，论文将国家文化距离作为独立的自变量引入，考察其对我国企业海外投资的区位选择的影响。

本章的研究假设如下：

假设一：国家文化距离对我国企业海外投资区位选择有负向的影响作用。

6.1.2 制度环境与区位选择

制度理论认为，处于系统中的个体（包括个人和组织）都受到该系统的影响（刘忠明，2009），强调制度环境影响组织行为和组织决策（Scott，1995）。学者和跨国公司管理者首先关注的制度环境就是东道国的国家风险水平和政府政治环境对跨国公司的影响。对发达国家的制度环境的研究理论颇为丰富，Dunning（1998）、Globerman and Shapiro（2002）、Frye（2004）的研究普遍认同制度质量与海外投资有积极的关系。然而新兴市场的跨国企业面临的情况是有差异的，这些来自发达国家的结论并不具备普适性。大量的学者也纷纷从发展中国家的跨国企业着手研究东道国制度对 FDI 的影响，如 Buckley（2007）研究东道国制度与 ODI 企业目标资源获取战略的关系，研究表明两者相适应时，会起到促进作用，而与此相反，两者不相适应时，东道国制度环境对 ODI 企业的资源获取战略有阻碍作用。Makin（2012）认为，新兴经济体企业还面临各种制度的直接和间接影响，包括推动作用和一些限制作用。Cheung and Qian（2009）采用固定效应模型考察了中国企业的 ODI 区位选择，实证结果发现，东道国制度因素对于中国企业而言影响不显著。国内学者韦军亮（2009）研究了中国企业 ODI 与东道国政治风险的关系，研究样本包括 73 个国家，并将其分为三类：高政治风险国家、中等政治风险国家、低政治风险国家。研究表明，高政治风险国家对中国企业 ODI 有更大的吸引力。徐旸憼（2014）的研究表明，我国企业对外直接投资与东道国的法治化程度有正向联系，而我国企业的对外直接投资与东道国的民主化程度呈负向关系，东道国的法治化与民主化会对中国企业的海外投资产生完全相反的影响。李媛、汪伟和刘丹丹（2015）建立了海外投资国家风险评价体系，通过对 140 个国家和地区的分析，给出了中国企业海外投资的建议：发达国家的投资环境相对较好，政治稳定，风险较少；对亚洲国家的投资要根据实际情况来判断，与周边的时局变化有很大关系。风险判断较好的情况下，由于亚洲国家的经济增长较快，也是中国企业海外投资的主要地区；而对于风险较高的国家或地区，时局不稳定，经济发展迟缓，中国企业在进行海外投资时需要谨慎。从已有的研究来看，制度环境对我国企业海外投资区位选择的影响并无一致的结论。

本章的假设如下：

假设二：东道国制度环境对我国企业海外投资区位选择有负向的影响作用。

6.2　数据和方法

6.2.1　变量与测量

1. 区位选择

依照 Kolstad and Wiig（2012）的观点，本章的区位选择因变量由中国对外直接投资流量来测量，当流量为负时，赋值 0。数据来源于商务部 2003—

2013年的对外直接投资公报。

2. 国家文化距离

本章文化距离的数据来源于 Hofstede 的文化记分维度。按照 Hofstede (2005) 的分类，国家文化可以从权力距离（PD）、个体主义（IDV）、阳刚气质（MAS）、不确定性规避（UA）和长期导向五个维度来测量。采用 Kout and Singh（1988）提出的公式来计算文化距离，用以测量母国与东道国之间的文化距离。文化距离公式如下：

$$CD_j = \sum_{i=1}^{5} \{(I_{ij} - I_{iN})^2 / V_i\} / 5 \tag{6-1}$$

其中，CD_j 指东道国 j 与母国间的文化距离，I_{ij} 是东道国 j 在第 i 个文化维度上的记分，I_{iN} 指母国在第 i 个文化维度上的记分，V_i 是每一个文化维度记分的方差。

3. 制度环境

本章采用 WGI（世界银行全球治理指标）来衡量制度环境。WGI 包括公民呼声与责任（Voice and Accountability）、政治稳定和暴力缺失（Political Stability and Absence of Violence）、政府效能（Government Effectiveness）、规制质量（Regulatory Quality）、腐败控制（Control of Corruption）和法制（Rule of Law）。各指标的赋值范围是［0，100］，政府治理情况与赋值大小有正向的联系。

4. 控制变量

（1）东道国市场规模。本章用东道国每年的 GDP 的对数来测量东道国市场规模。

（2）东道国 FDI 开放度。东道国的 FDI 开放度会对企业海外投资产生影响，本章用东道国每年 FDI 的存量占 GDP 的比例来测量东道国对 FDI 的开放程度。数据来源于 WDI（世界银行发展指标数据库）。

（3）双边贸易关系。用中国对东道国的进出贸易额（取对数）来衡量双边贸易关系，数据来源于国家统计局的统计数据。

（4）东道国人均国民收入。它可以间接测量东道国劳动力成本和工资水平，而影响 FDI 流向的重要成本因素就包括了劳动力成本。本章用东道国人均国民收入（取对数）来衡量之，数据来源于 WDI。

（5）东道国资源禀赋。东道国资源禀赋程度会对企业的海外投资产生影响，本章用东道国燃料和矿产品出口的比重来衡量东道国资源禀赋，数据来源于 WDI。

（6）东道国通货膨胀率。东道国通货膨胀情况会对企业的海外投资产生影响，本章用东道国通货膨胀率（按消费者价格衡量）来衡量，数据来源于 WDI。

（7）地理距离。地理距离对企业海外投资有影响，本章用中国与东道国最大城市加权距离来衡量地理距离，数据来源于 CEPII[①]地理距离数据库。

6.2.2 样本及模型选择

考虑数据的可获得性，本章进行了样本的选取。Hofstede（2010）的文化记分维度包括了 74 个国家和地区的分数，本章通过对缺失值的剔除，最后选取了 61 个国家和地区作为研究样本。本章利用 2003—2013 年共 11 年的面板数据进行实证分析。

本章应用引力模型分析我国对外直接投资的区位选择。模型如下：

$$\ln fdif_{it} = \beta_0 + \beta_1 CD_i + \beta_2 IE_{it} + \beta_3 \ln gdp_{it} + \beta_4 open_{it} + \beta_5 \ln btr_{it} + \beta_6 \ln rjgni_{it} + \beta_7 res_{it} + \beta_8 \ln fla_{it} + \beta_9 \ln dis_i + \varepsilon_{it} \quad (6-2)$$

其中，i 代表国家，t 代表年份，β_0 为截距项，$\varepsilon_{it} = \alpha_i + \theta_t + \mu_{it}$，$\alpha_i$ 为不可观察的个体效应，θ_t 为不可观察的随时间变化的影响，μ_{it} 为复合误差。模型

---

① CEPII：法国国际经济研究中心。

中的变量、变量名称及数据来源见表6-1。

表 6-1 变量说明及数据来源

变量	变量定义	数据来源
lnfdif	中国对东道国对外直接投资流量取对数	2003—2013 年《中国对外直接投资统计公报》
ie	东道国制度环境	WGI：世界银行全球治理指标
cd	文化距离	Greet Hofstede.《文化与组织：心理软件的力量（第二版）》
lngdp	东道国市场规模：东道国 GDP 取对数	WDI：世界银行发展指标数据库
open	东道国 FDI 开放度：每年 FDI 存量占 GDP 比例	WDI：世界银行发展指标数据库
lnbtr	双边贸易关系：中国对东道国的进出贸易额（取对数）	国家统计局：http://data.stats.gov.cn
lnrjgni	东道国人均国民收入（取对数）	WDI：世界银行发展指标数据库
res	东道国资源禀赋：东道国燃料和矿产品出口的比重	WDI：世界银行发展指标数据库
infla	东道国通货膨胀率：按消费者价格衡量的通货膨胀率	WDI：世界银行发展指标数据库
lndis	地理距离：两国首都间的空间距离	CEPII 地理数据库：最大城市加权距离

注：对外直接投资、GDP、双边贸易关系、人均国民收入等国际贸易数据折算为 2005 年不变价美元。

6.3　实证结果

6.3.1　模型检验和相关分析

对模型进行 LM 检验，发现随机效应显著。本章使用 Stata12.0 拟合随机效应静态面板回归方法，为了克服异方差和截面自相关，在回归分析时采用按国家聚类的稳健标准差方式，增加回归结果的稳健性。本章首先对变量进行Pearson相关分析，来检验变量间的多重共线性，Pearson相关系数矩阵见表6-2。相关系数没有超过阈值，多重共线性问题不严重。

表6-2 描述性统计分析和相关系数矩阵

变量	观测数	平均值	标准误差	lnfdif	ie	cd	lngdp	open	lnbtr	lnrjgni	res	infla	lndis
lnfdif	671	1.61	0.84	1									
ie	671	65.88	24.47	−0.07	1								
cd	671	55.71	9.76	−0.05	−0.06	1							
lngdp	671	26.07	1.60	0.40*	0.27*	0.12*	1						
open	671	5.94	13.55	−0.03	0.21*	−0.04	−0.18*	1					
lnbtr	671	21.90	3.81	0.43*	0.12*	−0.04	0.42*	0.03	1				
lnrjgni	671	8.55	2.66	0.07	0.36*	−0.08*	0.51*	−0.07	0.21*	1			
res	671	12.89	18.80	0.13*	−0.35*	−0.07	0.04	−0.07	0.05	0.01	1		
infla	671	4.42	4.83	−0.02	−0.54*	−0.05	−0.24*	−0.08*	−0.13*	−0.27*	0.23*	1	
lndis	671	8.63	1.72	−0.01	0.13*	−0.05	0.06	−0.02	0.15*	−0.03	0.12*	−0.14*	1

注：*表示相关系数在0.05的水平下显著。

6.3.2 回归分析

回归分析结果见表6-3。本章首先对控制变量进行检验，再对自变量进行检验，最后对全部变量进行检验。R^2、Wald统计量和LM-test表明，模型具有良好的拟合优度。

模型1是对控制变量的检验。东道国市场规模、双边贸易关系和东道国资源禀赋三个变量与我国企业海外投资区位选择显著正相关，表明我国企业海外投资倾向于选择东道国市场规模大的国家或地区。东道国的资源丰富程度对我国企业海外投资有积极的影响作用，表明我国企业海外投资资源寻求与利用型的意图明显。东道国与我国间的双边贸易关系也影响我国企业的海外投资区位,它们更倾向于投资那些贸易关系好的国家或地区。东道国 FDI 开放度和东道国通货膨胀率对我国企业海外投资的影响不显著。东道国人均国民收入以及地理距离与我国企业的海外投资的区位选择负相关,我国企业海外投资倾向于选择人均收入不高的国家或地区,表明东道国过高的工资收入和劳动力成本会阻碍我国企业的对外投资。地理距离越大,也越会阻碍我国企业的海外投资,表明我国企业对外投资更愿意选择地域邻近的国家或地区。

模型 2 是对自变量的检验,模型 4 是对所有变量的检验。制度环境对我国企业海外投资有显著负向的影响($\beta=-0.004$,$P<0.05$),假设得到了实证支持,这一结论与 Kolstad and Wiig(2009)和韦军亮(2009)等人的研究结论趋于一致。我国企业海外投资倾向于选择制度风险高的国家或地区,这一研究结论对以往的研究作了进一步的论证。

模型 3 是对文化距离及控制变量的检验,结果不显著。但是在对所有变量检验时,如模型 4 所示,国家文化距离与我国企业海外投资的区位选择显著负相关($\beta=-0.010$,$P<0.1$),假设得到了检验,这与 Elsass and Veiga(1994)、张吉鹏和衣长军(2014)以及吴先明和胡翠平(2015)的研究结论一致。但是它们并没有将文化距离作为独立的自变量引入分析其对我国企业海外投资区位选择的影响。

表 6-3 回归分析结果

变量		模型 1	模型 2	模型 3	模型 4
控制变量	lngdp	0.210 *** (0.032)	0.221 *** (0.034)	0.221 *** (0.035)	0.235 *** (0.038)
	open	0.001 (0.002)	0.001 (0.001)	0.001 (0.002)	0.001 (0.002)

续 表

	变量	模型1	模型2	模型3	模型4
控制变量	lnbtr	0.056*** (0.007)	0.055*** (0.007)	0.055*** (0.007)	0.055** (0.007)
	lnrjgni	-0.053*** (0.017)	-0.047*** (0.016)	-0.057*** (0.016)	-0.051*** (0.016)
	res	0.006*** (0.002)	0.004** (0.002)	0.006*** (0.002)	0.004** (0.002)
	infla	0.001 (0.006)	-0.003 (0.006)	0.001 (0.006)	-0.005 (0.006)
	lndis	-0.044* (0.026)	-0.036 (0.026)	-0.047* (0.025)	-0.039 (0.025)
自变量	ie		-0.004** (0.002)		-0.005** (0.002)
	cd			-0.009 (0.006)	-0.010* (0.005)
	constant	-4.342*** (0.813)	-4.432*** (0.814)	-4.045*** (0.882)	-4.108*** (0.882)
	N	671	671	671	671
	R^2	0.2853	0.2981	0.2951	0.3108
	Wald	172.16***	172.65***	159.44***	157.62***
	LM-test	214.69	192.06	203.14	176.11
	(p-value)	0.000	0.000	0.000	0.000

注:* $P<0.1$ ** $P<0.05$ *** $P<0.01$；括号内为聚类稳健性标准差

6.3.3 稳健性检验

为检验结论的稳健性，本章将制度环境进行替换，用 PRS 集团[①]的 ICRG[②] 数据的政治风险来测量（张纪凤，2013）。它包括 12 项要素，用算术平均的方式取值，值越大，表明政治风险越低，也表明该国家或地区的制度质量越高。结果表明，政治风险对我国企业海外投资有显著的负向影响（β = -0.131，P<0.01）。全变量检验时，政治风险和文化距离对我国企业海外投资均有显著负向影响作用（β = -0.123，P<0.01；β = -0.009，P<0.1）。这与本章的研究结论是一致的，说明研究结论具有较好的稳健性。

6.4 讨论与结论

本章选取 2003—2013 年间的中国对外直接投资数据，用引力模型分析国家文化距离与制度环境对我国企业的海外投资区位选择的影响。研究表明：①国家文化距离对我国企业海外投资有负向的影响。我国企业在海外投资时更愿意选择文化差异小的国家或地区，反之，文化差异大的国家或地区对我国企业的海外投资吸引力更弱。②制度环境对我国企业海外投资区位选择有负向的影响。东道国越是完善的制度环境越不利于我国企业的投资活动，相反，制度环境差的国家或地区更具有吸引力。

研究结论对我国企业开展海外投资活动有重要的启示。①国家文化距离是企业开展海外投资的重要影响因素。以往对国家文化距离对区位选择的影

---

① PRS 集团：Political Risk Services Group，是一家专注于政治风险分析和评估的公司。
② ICRG：International Country Risk Guide，国际国家风险指南，是 PRS 集团的核心产品之一，提供全球 140 多个国家的政治、经济、金融风险评分和排名。

响的认识并不高。我国企业在开展 OFDI 时要重视文化距离的影响，选择文化相似性更大的国家或地区，对成功开展海外经营、打开海外市场有积极的作用。②制度环境是企业海外投资的重要影响因素。企业在开展海外经营时选择制度风险高的国家或地区，对企业成功开展国际化经营有积极的影响。③东道国资源禀赋、市场规模和双边贸易关系对我国企业海外投资有重要影响作用。我国企业在开展海外投资时，要充分利用东道国的资源禀赋，开展资源寻求或利用型的海外投资是有利的。我国企业在 OFDI 时，选择市场规模大的国家或地区更有利于企业的海外投资活动的开展。与此同时，良好的贸易关系也有利于积极开展投资活动，企业应厘清东道国与我国的贸易紧密度，以便适时地开展投资活动。

6.5 本章小结

本章对新兴市场企业国际化的国家文化距离、制度环境与区位选择做了理论总结和提炼。研究发现，现有的关于区位选择的影响因素并不统一，研究制度环境对我国企业海外投资区位选择的影响的结论存在分歧。而将国家文化距离作为独立自变量检验其对区位选择影响的文献并不多见，现有的研究多将其作为控制变量引入。基于此，本章将国家文化距离与制度环境同时作为关键变量引入研究模型，构建了一个整合的理论分析框架。选取 11 年的面板数据，利用引力模型分析制度环境与国家文化距离对我国企业海外投资区位选择的影响。实证结果表明：制度环境对我国企业海外投资有负向的影响作用。对现有的文献结论做了进一步的论证和规范；国家文化距离对我国企业海外投资有负向的影响作用。我国企业进行海外投资区位选择时，国家文化距离是重要的影响因素，应该引起企业界的高度重视。这些发现将对我国企业海外投资的区位选择提供决策参考。

第7章
新兴市场企业对外直接投资逆向技术溢出效应分析

随着中国企业国际化程度越来越高,通过 OFDI 获取技术进步是企业开展海外投资的重要因素。然而,现有文献关于中国企业海外投资对母国技术进步的贡献并未得出一致的结论。已有研究中国企业海外投资逆向技术溢出的文献多以省际面板数据为研究对象,以行业为研究对象的文献相对较少且研究结论并不一致。然而,中国企业所属行业门类众多,势必应以行业为研究对象,探讨母国不同行业开展 OFDI 时的技术溢出效应。文章将不同行业的异质吸收能力引入,探讨其对 OFDI 逆向技术溢出效应的影响。实证研究结果表明,OFDI 逆向技术溢出对母国的技术进步有促进作用,且在不同行业间表现出明显的差异,科学研究和技术服务业以及制造业的逆向技术溢出效应更加明显;采用门槛回归模型实证检验了吸收能力(研发资金强度和研发人员强度)的差异对 OFDI 逆向技术溢出的门槛效应,实证结果表明,研发资金强度对 OFDI 逆向技术溢出效应具有明显的积极的作用,研发人员强度对 OFDI 逆向技术溢出存在负向门槛效应。

7.1 文献综述

Dunning(1977)的传统垄断优势理论认为,企业只有具备竞争优势才能开展国际化经营。新兴市场跨国企业的崛起,颠覆了垄断优势理论,对技术溢出效应也提出挑战。伴随新兴市场企业国际化愈演愈烈,逆向技术溢出效应成为学者们研究的重点。更多的研究认为,新兴市场跨国企业对外直接投资在于获取技术竞争优势,而不是仅仅利用已有的优势,即实现技术获取型的对外直接投资。随着学者们越来越多地关注新兴市场企业 OFDI 逆向技术溢出，也产生了一些有价值的研究成果，但研究结论的一致性还有待加强，母国技术进步是否受到新兴市场OFDI逆向技术溢出的影响仍需进一步论证。

对OFDI技术寻求动机进行检验研究最早的是Kogut and Chang（1991），他们提出了技术逆向外溢的猜想，研究表明，对外直接投资有利于逆向技术外溢。后续也有大量的学者进行论证。Coe and Helpman（1995）也得出一致的结论，研究采用国际R&D溢出模型①，验证了一个国家能够通过进口渠道获得其贸易伙伴国的逆向技术溢出，从而提升该国的技术水平。Potterie and Lichtenberg（2001）也认为OFDI可以实现技术外溢。Driflield and Love（2003）研究表明，跨国企业开展对外直接投资是为了获得东道国先进的技术，而这种技术获取与东道国对母国的技术溢出有关。Coe and Helpman（2009）重新检验了他们在1995年提出的模型，研究结论表明，人力资本积极促进了进口贸易的技术溢出效应。

尽管如此，也有学者得出了不同的结论。Bitzer and Kerekes（2005）用1973—2000年间的17个OECD（经合组织）国家为样本进行研究，研究结论表明，对外直接投资与TFP（全要素生产率）是负向的影响关系，同时也表明这个结论是平均数，各国之间依然存在差异。

国内学者关于OFDI逆向技术溢出对中国技术进步影响的研究同样未得出一致性结论。部分学者的研究表明，对外直接投资逆向技术溢出对技术进步有积极作用。李梅和柳士昌（2012）采用省际面板数据，研究表明OFDI逆向技术溢出存在地区差异，我国东部地区比西部地区更加积极，研究进一步对影响技术溢出的因素进行了门槛回归。郭飞和李冉（2012）以行业面板数据为对象，采用修正的L-P模型，研究表明OFDI对TFP（全要素生产率）有积极的影响，其中在第二产业里表现最为明显。

---

① 国际R&D溢出模型：Research and Development Spillover Model，一个经济学和创新研究中的重要模型，用于分析研发活动的溢出效应。

然而国内学者在 OFDI 逆向技术溢出效应是否促进母国技术进步上存在分歧。白洁（2009）的研究表明，对外直接投资对我国 TFP 有积极的作用，但是在统计上并不显著，研究建立的模型包括：OFDI 溢出的国外 R&D（研发）存量以及国内 R&D 存量两个自变量，并用该模型检验了 OFDI 技术溢出效应。李梅和金照林（2011）以中国省际面板数据为研究对象，研究同样未得出 OFDI 逆向技术溢出与国内技术进步的积极联系，表明 OFDI 逆向技术外溢效应并不明显。

导致上述研究结论分歧的原因可能是学者们未普遍将吸收能力作为重要影响因素纳入到研究框架之中。而学者们的研究表明，吸收能力是影响东道国技术进步的重要因素。Cohen and Levinthal（1990）认为，吸收能力能整合已有知识和新认识的外部信息来提升组织创新能力。Borensztein、Gregorio and Lee（1998）的研究表明，对外直接投资是转移技术的重要渠道，而人力资本的作用不可忽视，东道国的先进技术吸收能力对经济增长至关重要。Cockburn and Henderson（1998）的研究也表明：企业消化吸收外部技术能力与企业的研发投入有重要关系。现有研究中的已有文献将吸收能力融入国际技术溢出的研究框架中，但依然存在局限性，研究的对象多是 IFDI（内向型直接投资）和 ITRA（国际贸易）途径的国际技术溢出。与此同时，在已有的 OFDI 逆向技术溢出文献里，国内学者的研究中多以省际数据为样本来研究 OFDI 逆向技术溢出，也可能会影响研究结论的普适性。刘明霞和王学军（2009）的研究采用的是中国省际面板数据，在研究 OFDI 逆向技术外溢效应时表明，吸收能力是影响技术外溢的重要因素，当 OFDI 对中国技术发展有积极的溢出作用时，必须跨越一定的人力资本门槛。研究也表明，技术溢出在不同的地区（东、中、西部）间表现出明显的差异，其中东部地区 OFDI 对 TFP 有正向作用，但这并不表明其对国内技术效率是否有积极的作用，还是呈相反的作用，因为西部地区的表现并不一致，存在地区差异性。有的省份与东部情况一致，有的省份的情况则与中部地区的一致。中部地区 OFDI 的作用与东部地区刚好相反，OFDI 不利于 TFP，但却提高了国内的技术效率。李梅和柳士昌（2012）的研究表明，我国西部地区的 OFDI 逆向技术溢出效应不明显，东部地区与中部地区的溢出效应刚好相反，中部地区为负的溢出效应，而东部地区为正的溢出效应。衣长布、李赛和张吉鹏（2015）认为，积极而显著的逆向技术溢出效应发生在东部地区，而非西部地区。

然而，针对行业差异的 OFDI 逆向技术溢出效应的研究并不普遍。国内首次按行业分类研究的是欧阳艳艳和喻美辞（2011），采用的是灰色关联度分析法，将各行业 OFDI 所产生的外国研发溢出与各行业的平均生产率（Malmquist 指数）以及分解出的技术效率和技术进步进行灰色关联分析。研究表明，由于我国国情的原因，第二产业的 OFDI 逆向技术溢出效应较强，第三产业 OFDI 产生的逆向技术溢出效益显著，但是研究没有进行行业细分。吴立广和尹灵秀（2014）进行了行业细分，在三大产业中选取了八个细分行业，研究 OFDI 逆向技术溢出效应的行业差异，但是研究没有考虑吸收能力的影响。

由此，本研究做以下梳理：①新兴市场 OFDI 逆向技术溢出是否促进母国技术进步的结论并不一致；②OFDI 逆向技术溢出门槛效应的研究框架中鲜有对吸收能力的考虑；③现有的关于 OFDI 逆向技术溢出效应的文献多以省际面板数据为研究样本，关注行业及行业细分差异的文献鲜见且研究内容待丰富。而这为本研究提供了理论和现实意义。本研究试图将吸收能力引入 OFDI 逆向技术溢出门槛效应的研究框架中，以行业层面的数据为研究对象，探讨其相异之处，方便形成更加一致的结论，以期对各行业的技术提升和对外直接投资活动提供参考。

7.2 计量模型与数据

7.2.1 样本选择与数据来源

本研究选取 2003—2013 年间的面板数据，选取美国、加拿大、德国、法国、英国、意大利、丹麦、卢森堡、荷兰、瑞典、韩国、日本、新加坡、澳大利亚等中国 OFDI 投资东道国或地区为样本，以中国大陆地区的第二、三产业中的采矿业（MIN）、制造业（MAN）、电力、热力、燃气及水的生产和供应业（ELE）、建筑业（CON）、交通运输、仓储和邮政业（TRA）、信息传输、软件和信息技术服务业（INF）、租赁和商务服务业（LEA）、科学研究和技术服务业（SCI）共八个代表性行业（61 个细分行业）作为研究对象。行业增加值、资本存量数据来自《中经网统计数据库》；固定资本形成总额数据来自《中国统计年鉴》；固定资产投资价格指数数据来自《中国第三产业统计年鉴》；各行业每年的就业人员数据来自《中国统计年鉴》《中宏统计数据库》；研发经费内部支出数据来自《中国科技统计年鉴》；各行业对外直接投资（OFDI）数据来源于《对外直接投资统计公报》；GDP、GDP 指数数据来自《中国统计年鉴》《国际统计年鉴》；国外研究资本存量数据来自《国际统计年鉴》《世界银行 WDI 数据库》《OECD fact-book》《联合国统计月报数据库》。

7.2.2 变量说明

1. 全要素生产率（TFP）

全要素生产率（TFP）采用衣长军（2015）的计算方法：

$$\ln\left(\frac{Y_{it}}{L_{it}}\right) = \ln(A_0) + \gamma T + \beta\ln\left(\frac{K_{it}}{L_{it}}\right) + \varepsilon_{it} \qquad (7-1)$$

其中 Y_{it} 表示行业增加值，以2004年为基期进行平减，平减指数为工业品出厂价格指数；L_{it} 为各行业每年的就业人员；K_{it} 为资本存量，采用永续盘存法：

$$K_{it} = (1-\delta)K_{i(t-1)} + \frac{I_{it}}{P_{it}} \qquad (7-2)$$

其中 δ 为资本折旧率，取折旧率5%，$K_{i(t-1)}$ 是各行业 $t-1$ 期的固定资本存量，I_{it} 为各行业 t 期的固定资产形成总额，以2003年为基期，P_{it} 为各行业的固定资产投资价格指数。

将TFP分解成技术进步（TC）和技术效率（EC）两部分，采用基于DEA（数据包络分析）的Malmquist指数法计算全要素生产率。采用DEAP2.1软件计算TFP。八大行业：采矿业（MIN），制造业（MAN），电力、热力、燃气及水的生产和供应业（ELE），建筑业（CON），交通运输、仓储和邮政业（TRA），信息传输、软件和信息技术服务业（INF），租赁和商务服务业（LEA），科学研究和技术服务业（SCI），各行业Malmquist指数平均值见表7-1。

表7-1 各行业 Malmquist 指数平均值

行业	EC	TC	TFP
MIN	1.052	1.090	1.147
MAN	1.024	1.086	1.112
ELE	1.068	1.057	1.129
CON	1.024	1.132	1.159
TRA	1.028	1.066	1.096
INF	1.000	1.072	1.072
LEA	0.991	1.122	1.112
SCI	1.000	1.134	1.134

每年的 Malmquist 指数计算结果见表 7-2。

表 7-2　各行业每年的 Malmquist 指数

年份	行业							
	MIN	MAN	ELE	CON	TRA	INF	LEA	SCI
2003	0.994	0.974	0.991	0.971	1.000	1.000	1.000	1.000
2004	0.934	6.379	0.715	1.125	1.184	0.520	0.333	0.230
2005	1.275	1.170	1.211	1.190	1.172	1.135	1.120	1.216
2006	1.270	1.179	1.206	1.178	1.148	1.124	1.177	1.265
2007	1.227	1.202	1.225	1.201	1.197	1.114	1.208	1.281
2008	1.231	1.155	0.795	1.198	1.122	1.119	1.161	1.138
2009	1.237	1.183	1.251	1.295	1.005	1.008	1.105	1.156
2010	0.860	1.065	1.123	1.122	1.132	1.035	1.147	1.148
2011	1.257	1.061	1.036	1.130	1.113	1.023	1.323	1.238
2012	1.109	1.131	1.231	1.152	1.092	1.140	1.188	1.161
2013	1.051	0.878	0.921	1.064	0.862	0.822	1.007	1.123

用 Malmquist 指数换算后的各行业每年的 TFP 结果见表 7-3。

表 7-3　用 Malmquist 指数换算后的各行业每年的 TFP

年份	行业							
	MIN	MAN	ELE	CON	TRA	INF	LEA	SCI
2003	0.994	0.974	0.991	0.971	1.000	1.000	1.000	1.000
2004	0.928	6.213	0.709	1.092	1.184	0.520	0.333	0.230
2005	1.184	7.269	0.858	1.300	1.388	0.590	0.373	0.280
2006	1.503	8.571	1.035	1.531	1.593	0.663	0.439	0.354
2007	1.845	10.302	1.268	1.839	1.907	0.739	0.530	0.453
2008	2.271	11.899	1.008	2.203	2.139	0.827	0.616	0.516
2009	2.809	14.076	1.261	2.853	2.150	0.834	0.680	0.596
2010	2.416	14.991	1.416	3.201	2.434	0.863	0.780	0.684
2011	3.036	15.906	1.467	3.617	2.709	0.883	1.032	0.847

续 表

年份	行业							
	MIN	MAN	ELE	CON	TRA	INF	LEA	SCI
2012	3.367	17.989	1.806	4.167	2.958	1.006	1.226	0.984
2013	3.539	15.794	1.663	4.434	2.550	0.827		1.105

2. 国内各行业研发投入（S_{it}^d）

国内各行业研发存量，按照永续盘存法：

$$S_{it}^d = (1-\delta) \times S_{it}^d(t-1) + RD_{it} \qquad (7-3)$$

取 δ 为 5%，RD_{it} 为 t 年行业 R&D 经费内部支出，折算成 2003 年不变价格的实际研发支出。

各行业 2003 年基年的研发存量为：

$$S_{i2003}^d = \frac{RD_{i2003}}{(g+\delta)} \qquad (7-4)$$

其中，RD_{i2003} 为各行业 2003 年的实际研发支出，g 为各行业 2004—2011 年 R&D 支出的增长率的平均值，δ 为 5%。

3. 国外研发逆向技术溢出（S_{it}^f）

国外研发逆向技术溢出计算公式如下：

$$S_{it}^f = S_t^f \times \left(\frac{OFDI_{it}}{OFDI_t}\right) \qquad (7-5)$$

S_t^f 表示总的境外 R&D 逆向技术溢出，参照 Potterie and Lichtenberg（2001）的计算公式：

$$S_t^f = \sum \frac{OFDI_{mt}}{GDP_{mt}} \times S_{mt} \qquad (7-6)$$

其中，$OFDI_{mt}$ 为我国 t 时期对 m 国的投资存量，GDP_{mt} 为 t 时期对外投资 m 国的 GDP，S_{mt} 是 t 时期的对外投资 m 国的研发存量。$OFDI_{it}$ 为 i 行业 t 时期 OFDI 存量，$OFDI_t$ 为我国 t 时期 OFDI 存量总和。

4. 门槛变量：吸收能力

研究将吸收能力分解为研发资金强度（Fund）和研发人员强度（Personnel），研发资金强度的测量方法是：各行业研发支出/各行业工业增加值，各行业研发人员强度采用 Barro and Lee（1993）的测量方法：劳动力平均受教育年限=小学比重×6+初中比重×9+高中比重×12+大专及以上学历比重×16。

5. 控制变量：市场势力（PCM）

戴魁早（2013）认为，市场势力也是引起行业技术创新差异的重要变量。研究将市场势力引入作为控制变量，测量方法采用 Cheung and Pascual（2004）的行业勒纳指数，公式如下：

$$PCM_{it} = \frac{VA_{it} - W_{it}}{F_{it}} \tag{7-7}$$

其中 W 为劳动力成本，VA 为增加值，F 为总产值，i 为行业，t 为时期。变量的描述性统计见表7-4。

表7-4 变量的描述性统计

变量名	变量含义	均值	标准差	最小值	最大值
lntfp	全要素生产率	0.080	0.315	-1.469	1.853
lnsitd	国内各行业的研发投入	20.749	2.915	15.093	27.426
lnsitf	国外研发逆向技术溢出	21.640	1.981	17.102	25.994
pcm	市场势力	0.660	0.878	0.062	7.111
lnfund	研发资金强度	-10.708	2.963	-15.004	-3.834
lnpersonnel	研发人员强度	2.399	0.142	2.183	2.641

7.2.3 模型设计

首先，在 C-H 和 L-P 模型基础上构建全要素生产率、国内各行业的研发投入、国外研发逆向技术溢出模型，检验逆向技术溢出效应的存在性。

$$LnTFP_{it}=C+\partial_1 LnS_{it}^d+\partial_2 LnS_{it}^f+\partial_2 PCM_{it}+\varepsilon_{it} \qquad (7-8)$$

it 分别代表行业和年份，其中 TFP 表示全要素生产率，S_{it}^d 表示国内各行业的研发投入，S_{it}^f 为国外研发逆向技术溢出，PCM_{it} 表示 i 行业 t 时期的市场势力，∂ 是系数，$\varepsilon_{it} \sim iid(0,\partial^2)$。

其次，采用灰色综合关联度法分析了 OFDI 逆向技术溢出是否存在行业差异。灰色关联度法包括三个步骤：

第一步，计算灰色绝对关联度

$$\varepsilon_{oi}=\frac{1+|S_0|+|S_i|}{1+|S_0|+|S_i|+|S_i-S_0|} \qquad (7-9)$$

第二步，计算灰色相关关联度

$$r_{oi}=\frac{1+|S_0'|+|S_i'|}{1+|S_0'|+|S_i'|+|S_i'-S_0'|} \qquad (7-10)$$

第三步，计算灰色综合关联度

$$\rho_{oi}=\theta\varepsilon_{oi}+(1-\theta)r_{oi},\ \theta\in[0,1] \qquad (7-11)$$

最后，为了进一步探讨 OFDI 逆向技术溢出行业差异的影响因素，引入了吸收能力（研发资金强度和研发人员强度）检验门槛效应。检验模型如下：

$$LnTFP_{it}=C+\partial_1 LnS_{it}^d+\partial_2 PCM_{it}+\beta_1 LnS_{it}^f\times I(q_{it}<\gamma_1)+\beta_2 LnS_{it}^f\times I(q_{it}\geqslant\gamma_1)+\varepsilon_{it}$$
$$(7-12)$$

q_{it} 表示门槛变量，γ 表示未知门槛，β 是门槛系数。

7.3 实证结果与分析

7.3.1 OFDI 逆向技术溢出的存在性检验

首先，采用 Stata12.0 软件对变量进行单位根检验，包括 LLC、IPS、

ADF、PP 检验，检验结果显著则表明不存在单位根，结果见表7-5：

表 7-5　单位根检验结果

变量	检验类型 (c, t, k)	LLC	IPS	ADF-Fisher	Fisher-PP	结论
		统计量值（P 值）				
lnTFP	(c, 0, 0)	-1.071 (0.000)	-9.408 (0.000)	150.822 (0.000)	226.978 (0.000)	平稳
$\ln S_{it}^d$	(c, 0, 0)	-0.785 (0.000)	-2.063 (0.020)	32.943 (0.000)	112.098 (0.000)	平稳
$\ln S_{it}^f$	(c, 0, 0)	-0.878 (0.000)	-5.713 (0.000)	70.536 (0.000)	121.262 (0.000)	平稳
PCM	(c, 0, 0)	-1.203 (1.000)	-3.475 (0.000)	45.831 (0.000)	152.859 (0.000)	平稳

备注：c 表示是否有常数项，t 表示时期趋势，k 表示滞后期数，滞后阶基于 AIC 和 SC 值确定。

其次，进行内生性检验。内生性问题是导致 OLS 回归结果存在偏误的重要原因。采用 Davidson and Mackinnon（1993）提出的方法，即采用工具变量法进行内生性检验。本研究采用变量滞后一阶作为工具变量，P 值不显著则表明不存在内生性；采用 Stata12.0 对模型进行内生性检验，计算结果：统计量值为 0.0002，对应的 P 值为 0.9903，结果表明模型不存在内生性偏误。

最后，进行模型估计。本研究分别对面板模型进行固定效应、随机效应和混合效应检验，Hausman 检验结果 P 值为 0.418，表明随机效应显著。进而对模型进行 GLS 回归，结果见表 7-6：

表 7-6　溢出效应 GLS 估计结果

变量	模型
$\ln S_{it}^d$	-0.014** (0.006)
$\ln S_{it}^f$	0.022*** (0.007)
PCM	0.065* (0.039)
constant	0.857***

续　表

变量	模型
R²	0.200
Wald	15.08***

注：* P<0.1，** P<0.05，*** P<0.01；括号内为标准差。

根据表 7-6 的回归结果，可以得出以下结论：国内各行业的研发投入（$\ln S_{it}^d$）的回归系数显著为负，说明国内各行业的研发投入对全要素生产率 TFP 有负向作用。这可能与研发投入带来技术进步的滞后性有关。市场势力（PCM）的回归系数显著为正，说明市场势力有利于全要素生产率。

7.3.2　OFDI 逆向技术溢出的行业差异检验

研究采用 GTM3.0 对行业差异进行灰色关联度分析，将历年各行业的研发溢出作为原始数据序列，以 Malmquist 指数作为因素序列来测算关联度，计算其绝对关联度、相对关联度和综合关联度，当 $\rho_{0i}>0.65$ 时为强关联，当 $0.35<\rho_{0i}<0.65$ 时为中度关联。检验结果见表 7-7。

表 7-7　灰色关联度分析结果

行业	绝对关联度	相对关联度	综合关联度	排名
科学研究和技术服务业	0.508	0.731	0.62	1
制造业	0.612	0.506	0.559	2
租赁和商务服务业	0.517	0.555	0.536	3
建筑业	0.557	0.512	0.535	4
信息运输、软件和信息技术服务业	0.525	0.531	0.528	5
交通运输、仓储和邮政业	0.543	0.506	0.525	6
采矿业	0.543	0.505	0.524	7
电力、热力、燃气及水的生产和供应业	0.522	0.514	0.518	8

检验结果表明：在八大行业里，科学研究和技术服务业表现出最高的关联度，表明其 OFDI 溢出的国外 R&D 与其技术进步有较强的关联度。在开展 OFDI 时，有较强的技术导向性，通过开展对外直接投资提升行业的技术创新能力，实现技术溢出效应。其次是制造业，租赁和商务服务业，建筑业，信息运输、仓储和邮政业，均有较强关联度；制造业排在第二位，这与政府的政策导向、国内外行业差距等是分不开的，如政府出台各种政策鼓励制造业走出去。中国制造业与发达国家制造业间的差距也成为制造业 OFDI 逆向技术溢出的基础，有利于吸收发达国家先进的制造技术。最后是采矿业，电力、热力、燃气及水的生产和供应业，也有一定程度的关联度，这与我国采矿业，电力、热力、燃气及水的生产和供应业在开展 OFDI 时与较强的资源导向性和市场导向性相关，导致在逆向技术溢出效应上没有其他几个行业关联度高。

7.3.3 OFDI 逆向技术溢出的门槛回归检验

研究采用 Hansen（1999）的门槛模型，采用 Stata12.0 软件进行检验，应用 Bootstrap 法进行门槛回归，通过门槛效应自抽样检验结果、门槛估计值、LR 图、门槛模型估计结果来判断门槛效应的存在性，进而判断是否存在单一门槛、双重门槛或是三重门槛。

首先，门槛效应检验结果表明，研发资金强度（Fund）的单一门槛和双重门槛模型都显著，研发人员强度（Personnel）的单一门槛模型显著，见表 7-8。

其次，计算门槛估计值并检验。研发资金强度（Fund）和研发人员强度（Personnel）的 LR 图见图 7-1 和图 7-2。

采用最小残差平方和计算门槛值，门槛估计值和置信区间见表 7-9。结果表明：研发资金强度（Fund）和研发人员强度（Personnel）的单一门槛值为 -10.645 和 2.399，且都通过了检验。

表 7-8 门槛效应检验

门槛变量		门槛类型	F 值	P 值	临界值		
					1%	5%	10%
吸收能力	研发资金强度（Fund）	单一门槛	3.812**	0.020	4.227	3.130	2.449
		双重门槛	5.395**	0.030	9.515	4.288	2.726
		三重门槛	−5.971	0.477	2.175	−0.759	−2.021
	研发人员强度（Personnel）	单一门槛	27.366**	0.037	45.696	25.817	23.050
		双重门槛	2.035	0.330	20.779	13.348	10.957
		三重门槛	0	0.230	0	0	0

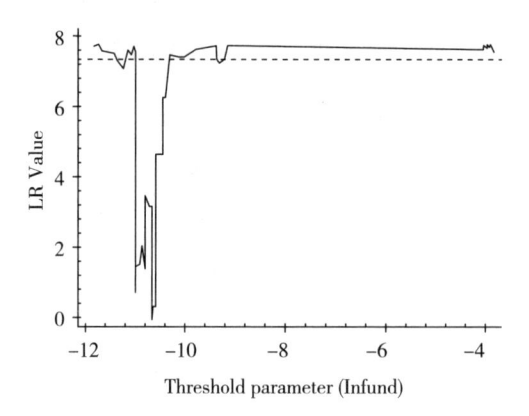

图 7-1 Fund 门槛值 LR 图

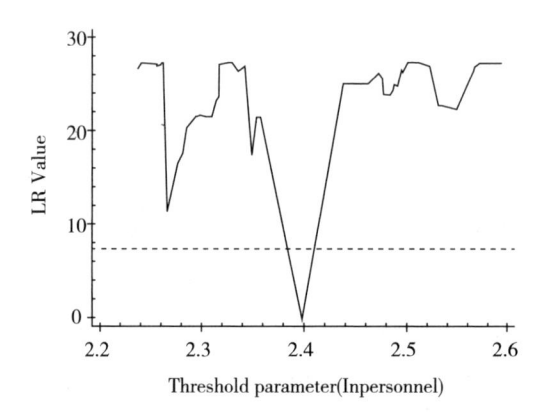

图 7-2 Personnel 门槛值 LR 图

表7-9 单一门槛值估计结果

门槛变量	估计值	95%置信区间
研发资金强度	-10.645	[-14.158, -4.072]
研发人员强度	2.399	[2.399, 2.399]

最后，进行模型参数估计。估计结果见表7-10。

表7-10 门槛模型估计结果

变量	吸收能力 研发资金强度	吸收能力 研发人员强度
$\ln S_{it}^f 1$	0.040 (1.15)	-0.065*** (-3.08)
$\ln S_{it}^f 2$	0.050* (1.39)	-0.017 (-0.77)
$\ln S_{it} d$	-0.129* (-1.79)	0.003 (0.27)
PCM	-0.302*** (-7.25)	-0.254*** (-6.96)
C	2.093* (2.16)	0.902 (0.61)
R^2	0.4665	0.5686

备注：*、**和***分别表示在10%、5%和1%水平上显著，括号内为t值。

研究以单一门槛为例，实证分析结果如下：①研发资金强度。将研发资金强度分为弱投入（<-10.645）和强投入（≥10.645），当研发资金强度投入低时，OFDI对TFP没有显著的推动作用。当研发资金投入高且跨越门槛值（-10.645）时，OFDI对TFP的作用显著为正（0.050）。这说明，研发资金投入达到一定程度时，更有利于OFDI逆向技术溢出。②研发人员强度。将研发人员强度分为弱投入（<2.399）和强投入（≥2.399），当研发人员强度投入低于门槛值2.399时，OFDI对TFP的作用显著为负，当研发人员强度高于门槛值时，OFDI逆向技术溢出效应不明显。

7.4 结论及政策建议

研究以我国的八大行业为例,探讨不同行业的异质吸收能力对 OFDI 逆向技术溢出的影响及其门槛效应。较以往多以省际面板数据为研究样本不同,本研究以行业层面的数据进行实证检验。研究结果表明,OFDI 逆向技术溢出对母国的技术进步有促进作用,且在不同行业间表现出明显的差异。采用本研究样本实证表明,科技行业和制造业的逆向技术溢出效应更加明显。研究采用 Hansen 的门槛回归模型,实证检验了吸收能力(研发资金强度和研发人员强度)的差异对 OFDI 逆向技术溢出的门槛效应。实证结果表明,研发资金强度对 OFDI 逆向技术溢出效应具有明显的积极的作用,研发人员强度对 OFDI 逆向技术溢出效应也有一定的负向门槛效应,这一结论对现有文献有一定的补充作用。

基于以上结论,研究提出以下政策建议:①鼓励科学研究和技术服务业以及制造业对外直接投资,改善各行业对外直接投资的结构。据国家统计局的统计数据显示,截至 2016 年,中国对外直接投资存量为 13573.9 亿美元,其中商务服务业对外直接投资占 34.9%,流向采矿业的占 11.2%,流向制造业的占 7.9%,流向科学研究、技术服务行业的仅占 1.4%。而实证研究表明,采矿业的 OFDI 逆向技术溢出效应并不如其他行业的明显,商务服务业的技术溢出效应也低于科学研究和技术服务业以及制造业。因而,如果是以获取东道国的先进技术为目的,我们应该更多地鼓励科学研究和技术服务业以及制造业的对外直接投资,改善各行业的对外直接投资结构,以期实现新兴市场企业 OFDI 逆向技术溢出效应。②加强母国各行业对东道国技术溢出的吸收能力。新兴市场要提高自身的经济发展水平、自主创新能力、加强研发资金的投入等都有助于提升其对东道国先进技术的消化、吸收以及转化能力，最终提升母国的自主创新能力。随着我国政府对创新创业的日益重视，在政策上和资金上给予了大量的倾斜，这将极大地促进企业尤其是外向型企业的技术创新，通过研发资金投入的不断增加，提升各行业企业的技术消化和吸收能力，最终实现由"输血"向"造血"的转变，提升企业自身的自主创新能力，印证了宏观政策方向以及企业通过 OFDI 实现逆向技术溢出效应的目标。

7.5 本章小结

新兴市场企业国际化程度日益提高，通过对外直接投资实现技术进步是企业开展海外投资的重要战略决策。梳理国内外关于逆向技术溢出效应的文献，发现现有文献关于新兴市场企业 OFDI 逆向技术外溢效应是否显著结论并不一致，且多以省际面板数据为研究样本，缺少行业层面的数据。本章以此为突破点，研究母国不同行业异质吸收能力对 OFDI 逆向技术溢出的门槛效应。由此构建理论模型，首先在 C-H 和 L-P 模型基础上构建全要素生产率、国内各行业的研发投入、国外研发逆向技术溢出模型，检验逆向技术溢出效应的存在性。其次，采用灰色综合关联度法的三个分析步骤，分析了 OFDI 逆向技术溢出是否存在行业差异。最后，为了进一步探讨 OFDI 逆向技术溢出行业差异的影响因素，引入了吸收能力（研发资金强度和研发人员强度）检验门槛效应。在 OFDI 逆向技术溢出的存在性检验中，采用 Stata 软件对变量进行单位根检验，进行内生性检验和模型估计。在 OFDI 逆向技术溢出的行业差异检验中，采用 GTM 对行业差异进行灰色关联度分析。在 OFDI 逆向技术溢出门槛回归检验中，采用 Hansen 的门槛模型，应用 Bootstrap 法进行门槛回归，通过门槛效应自抽样检验结果、门槛估计值、LR 图、门槛模型估计结果来判断门槛效应的存在性，进而判断是否存在单一门槛、双重门槛或是三重门槛。实证研究表明，OFDI 逆向技术溢出对母国的技术进步有促进作用，且在不同行业间表现出明显的差异，科学研究和技术服务业以及制造业的逆向技术溢出效应更加明显；门槛回归结果显示，吸收能力（研发资金强度和研发人员强度）的差异对 OFDI 逆向技术溢出存在门槛效应，研发资金强度对 OFDI 逆向技术溢出效应存在显著的积极作用，研发人员强度对 OFDI 逆向技术溢出存在负向门槛效应。本章最后提炼了结论及政策建议。

第8章
中国对"一带一路"共建国家投资分析

第8章　中国对"一带一路"共建国家投资分析

商务部数据显示，2023年中国企业对"一带一路"共建国家直接投资407.1亿美元，较上年增长31.5%，占当年对外直接投资流量的23%。中国在"一带一路"共建国家设立境外企业1.7万家，直接投资存量为3348.4亿美元，占中国对外直接投资存量的11.3%。存量位列前十的国家是：新加坡、印度尼西亚、卢森堡、越南、马来西亚、泰国、俄罗斯联邦、老挝、阿拉伯联合酋长国、柬埔寨。"一带一路"共建国家成为中国对外投资的重要增长源。中国在"一带一路"共建国家的投资主要涉及多个领域，这些投资促进当地经济的发展，有效助推中国经济高质量发展。

8.1　对外直接投资对技术溢出的影响分析

Yu等（2019）以"一带一路"倡议为背景，研究其对中国对外直接投资的影响。实证研究表明，这种影响是积极的，同时也表明东道国参与该计划的意愿起重要影响作用，它能影响其程度和方向。也有学者得出了不同的结论。刘志东等（2023）的研究表明，"一带一路"倡议并不能带来中国各省的技术进步和技术效率的提升，阻碍各省份技术进步的因素是其研发资本要素有效供给不足。

随着"一带一路"共建的有效实施，学者们开始探讨"一带一路"共建下的制度环境对技术进步的影响。郑玉雯等（2023）以中国传统制造企业为样本展开，研究表明"一带一路"共建通过制度创新促进中国传统制造企业创新。随着制度环境与技术溢出关系的深入研究，有学者将制度环境细分为母国制度环境和东道国制度环境。张宏和李拯非（2022）认为，

母国制度创新利于技术有效利用,减少 OFDI 逆向技术溢出效应的负面影响,提升企业的技术创新能力。Nguyen and Nhi(2021)认为,如果东道国具有良好的制度质量,则流入的外国直接投资对全要素生产率的增长有积极影响,而流入的外国直接投资存量和对外的外国直接投资的影响则由制度来调节。

梳理文献发现,现有的关于对外直接投资影响技术进步从而带动全要素生产率提升的研究文献,并未得出一致的结论。探讨中国如何在对"一带一路"共建国家的投资中实现母国技术进步是实现高质量"一带一路"共建的重要议题。已有的研究文献表明,制度环境是影响全要素生产率提升的重要因素,但并未形成一致的结论,鲜有学者将东道国制度环境与母国制度环境同时研究并探讨其对技术进步的影响,本研究试图以此展开分析。

8.2　计量模型与数据

8.2.1　样本选择与数据来源

研究选取 2008—2021 年间的面板数据,选取 44 个"一带一路"共建国家及中国 29 个省、自治区和直辖市。GDP、GDP 指数数据来自《中国统计年鉴》、中经网统计数据库、世界银行,固定资本形成总额数据来自《中国统计年鉴》,各省年末就业人员数据来自《中国统计年鉴》。制度环境指标数据来自 WGI、《华尔街日报》和美国传统基金会。对外直接投资(OFDI)数据来源于《对外直接投资统计公报》;国外研发资本存量数据来自《世界银行 WDI 数据库》。

8.2.2 变量说明

1. 全要素生产率（TFP）

全要素生产率的计算根据 Cobb-Douglas 生产函数，采用衣长军（2015）的计算方法：

$$\ln\left(\frac{Y_{it}}{L_{it}}\right) = \ln(A_0) + \gamma T + \beta \ln\left(\frac{K_{it}}{L_{it}}\right) + \varepsilon_{it} \qquad (8-1)$$

其中 Y_{it} 表示各省以 2008 年不变价格的实际 GDP；K_{it} 为资本存量，采用永续盘存法计算。

采用 Malmquist 指数法计算全要素生产率，运用 DEAP2.1 软件分析。先计算各省 Malmquist 指数平均值，据此计算各省不同时期的 TFP 和全国 TFP 指标。

2. 制度环境

研究选取政治距离（PD）和经济距离（ED）来对制度距离进行量化。采用全球治理指数（WGI）来衡量政治指数，WGI 包括六大二级指标，得分区间为 [-2.5, 2.5]，治理程度越高则得分越高。采用《华尔街日报》以及美国传统基金会发布的经济自由度指数（EFI）来衡量经济指数，包括十大二级指标，得分区间 [0, 100]，自由程度高则得分高。

选取 44 个"一带一路"共建国家的 WGI 六大政治指标、EFI 十大经济指标来研究制度距离。为了保证指标的一致性，对指标进行了归一化处理。利用主成分分析法确定每一个二级指标相应权重，得出相应的一级指标得分，再由主成分分析法确定每一个一级指标权重，得到每一个国家的制度指数（II），列出制度距离指标（ID）的公式（张媛媛，2017）。

3. 国外研发逆向技术溢出

参照 L-P 计算公式，国外研发逆向技术溢出计算公式如下：

$$S_t^f = \sum \left(\frac{OFDI_{mt}}{Y_{mt}} \times S_{mt}^d \right) \qquad (8-2)$$

S_t^f 表示总的境外 R&D 逆向技术溢出，其中，$OFDI_{mt}$ 为 OFDI 存量（t 时期中国对"一带一路"m 国），Y_{mt} 为 GDP（t 时期"一带一路"m 国），S_{mt}^d 是研发资本存量（t 时期"一带一路"m 国）。

8.2.3 模型设计

在 C-H 和 L-P 模型基础上，研究构建如下模型：

$$\text{Ln}TFP_t = C + \partial \text{Ln}PD_{cit} + \partial \text{Ln}ED_{cit} + \partial \text{Ln}ID_{cit} + \partial \text{Ln}S_t^f + \varepsilon_{it} \qquad (8-3)$$

其中，c 表示中国，i 表示"一带一路"共建国家，t 表示年份，TFP_t 表示全国的全要素生产率，PD_{cit}、ED_{cit}、ID_{cit} 分别表示中国与 i 国的政治距离、经济距离和制度距离，S_t^f 表示总的国外研发逆向技术溢出。∂ 是系数，ε_{it} 表示扰动项。再逐步增加交互项，来验证制度环境的调节作用。

8.3 实证结果与分析

8.3.1 模型检验和相关分析

采用 Stata16.0 进行面板回归。首先对变量进行 Pearson 相关分析，见表 8-1，相关系数均小于 0.5，不存在多重共线性问题。

表 8-1 描述性统计分析和相关系数矩阵

Variables	Observations	AVG	SE	lnTFP	LnPD	lnED	lnID	LnStf
lnTFP	616	0.11	0.10	1				

续 表

Variables	Observations	AVG	SE	lnTFP	LnPD	lnED	lnID	LnStf
LnPD	616	2.64	1.18	0.03	1			
LnED	616	2.30	1.11	−0.11*	0.06	1		
lnID	616	2.28	1.13	−0.02	0.45**	0.24*	1	
LnStf	616	25.39	6.19	−0.03	0.06	0.01	−0.09*	1

注：*表示相关系数在0.05的水平下显著。

8.3.2 回归分析

回归分析结果见表8-2。文章首先对制度距离的两个二级指标（政治距离和经济距离）和国外研发逆向技术溢出进行检验（模型1），再对政治距离、经济距离、制度距离和国外研发逆向技术溢出进行检验（模型2），最后对变量间的交互效应进行了检验（模型3~模型6）。R^2、Wald统计量和LM-test表明，模型具有良好的拟合优度。

表8-2 回归分析结果

变量	模型1	模型2	模型3	模型4	模型5	模型6
lnPD	0.003 (0.004)	0.003 (0.004)	0.023 (0.017)	0.003 (0.004)	0.004 (0.005)	0.032* (0.019)
LnED	−0.009** (0.002)	−0.009** (0.003)	−0.009** (0.002)	−0.033*** (0.010)	−0.008** (0.003)	−0.035*** (0.009)
LnID		−0.002 (0.003)	−0.002 (0.002)	−0.002 (0.003)	−0.013* (0.008)	−0.019** (0.010)
lnStf	−0.001*** (0.001)	−0.001*** (0.001)	0.002 (0.002)	−0.003*** (0.001)	−0.001** (0.001)	−0.001 (0.001)
LnPD×lnStf			−0.001* (0.001)			−0.001** (0.001)

续表

变量	模型1	模型2	模型3	模型4	模型5	模型6
LnED×lnStf				0.001*** (0.001)		0.001*** (0.001)
LnID×lnStf					0.001** (0.001)	0.001** (0.001)
constant	0.134*** (0.010)	0.136*** (0.010)	0.082** (0.042)	0.199*** (0.023)	0.157*** (0.018)	0.156*** (0.044)
N	616	616	616	616	616	616
R^2	0.0133	0.0137	0.0159	0.0168	0.0148	0.0221
Wald	144.12***	139.49***	75.16***	39.58***	105.26***	64.06***
LM-test	25.29	25.84	26.00	25.46	25.91	25.76
(p-value)	0.000	0.000	0.000	0.000	0.000	0.000

注：* $P<0.1$ ** $P<0.05$ *** $P<0.01$；括号内为聚类稳健性标准差

模型1是对政治距离、经济距离和国外研发逆向技术溢出效应的检验，检验结果表明：制度距离对TFP的影响不显著，经济距离对TFP有显著的负向影响作用（系数为-0.009），OFDI对TFP有显著的负向影响作用，说明全国范围显著OFDI逆向技术溢出效应并未发生。

模型2是对政治距离、经济距离、制度距离和国外研发逆向技术溢出效应的检验，检验结果表明：政治距离与经济距离的结果与模型1一致，制度距离和TFP没有相关关系。国外研发逆向技术溢出对TFP的影响结果与模型1一致。

模型3是对政治距离与国外研发逆向技术溢出交互效应的检验。得出结论：政治距离对OFDI逆向技术溢出效应起负向的调节作用（系数为-0.001）。表明政治距离越小，则在开展对外直接投资时，越有利于母国技术进步。而当中国与"一带一路"共建国家的政治距离变大时，中国在对其开展对外直接投资时，不利于其获取积极的逆向技术溢出效应。

模型4也是检验交互项,将国外研发逆向技术溢出乘以经济距离引入模型。检验结果表明:经济距离对OFDI逆向技术溢出效应起正向的调节作用(系数为0.001)。表明经济距离对OFDI逆向技术溢出效应有积极的促进作用。

模型5是将制度距离和国外研发逆向技术溢出作为交互效应进行检验。检验结果表明:制度距离对OFDI逆向技术溢出效应起正向的调节作用(系数为0.001)。表明中国在对"一带一路"共建国家投资中,制度距离有利于母国技术进步。

模型6是对全部变量的检验。纳入政治距离、经济距离、制度距离、国外研发逆向技术溢出和三个交互项后,政治距离对TFP有显著正向影响,即政治距离促进了TFP的提升。经济距离的检验结果与前几个模型一致。制度距离在纳入全部变量后的检验结果显著为负(系数为-0.019)。交互项的检验结果与模型3~模型5的检验结果一致。

8.4 结论及政策建议

研究选取近14年间的面板数据,选取44个"一带一路"共建国家,选取29个省、自治区和直辖市,分析制度距离与OFDI对中国全要素生产率的影响。实证研究得出结论:①政治距离对中国全要素生产率影响不显著。②经济距离对中国全要素生产率有显著的负向影响作用。③通过对外直接投资提升全要素生产率的效果不显著。④交互效应表明制度环境的调节作用存在,具体表现为:政治距离对OFDI逆向技术溢出有负向的调节作用,经济距离和制度距离对OFDI逆向技术溢出有正向的调节作用。

研究结论对中国对外直接投资逆向技术溢出有重要启示。①单独检验经济距离与TFP关系时发现,经济距离对全要素生产率有负向的作用。单独检

验 OFDI 对 TFP 的影响时，发现 OFDI 对 TFP 有负向的影响作用。②考虑制度距离对 OFDI 逆向技术溢出效应的调节作用时，交互效应的检验结果表明，政治距离对 OFDI 逆向技术溢出有负向的调节作用。由此，中国在对"一带一路"共建国家投资时，为了获取积极的逆向技术溢出效应，应尽量选择政治距离较小的国家，从而实现高质量"一带一路"共建。交互效应检验还表明，经济距离和制度距离对 OFDI 逆向技术溢出有正向的调节作用。由此，在对"一带一路"共建国家进行投资时，应尽量选择经济距离和制度距离较大的国家或地区，则可以获取积极的逆向技术溢出效应，实现中国经济的高质量发展。

8.5　本章小结

梳理对外直接投资逆向技术溢出效应理论，尤其关注中国对"一带一路"共建国家投资如何实现逆向技术溢出效应，找出理论的突破口，发现现有的研究存在研究不系统以及研究结论存在分歧等现象。参照 C-H 和 L-P 模型构建了制度环境、OFDI 与逆向技术溢出的理论分析框架。在验证理论模型时，技术进步指标采用全要素生产率来衡量，运用柯布—道格拉斯生产函数计算全要素生产率，运用 DEAP 软件和 Malmquist 指数分析与测算。制度环境采用政治距离与经济距离指标来测算。运用 L-P 公式计算国外研发逆向技术溢出。验证模型时采用 Stata 软件进行面板回归。本章最后总结回归结果并给予政策指导。

第 9 章
结论与启示

第9章 结论与启示

9.1 主要研究结论

9.1.1 新兴市场企业国际化动因

本研究在归纳提炼已有文献基础上将新兴市场企业国际化动因从以下几方面考察，分为市场动因、资源动因和技术动因。我们采用拓展东道国市场来测量新兴市场企业国际化市场动因，用改进产品的开发、企业为海外市场设计新产品、识别和获取新兴技术、完善生产制造流程来测量新兴市场企业国际化技术动因，用获取品牌和渠道资源、获取重要的自然资源、获取和引进创新型的人力资源三个方面来测量新兴市场企业国际化资源动因。通过分析调查样本的信度和效度，表明测量指标均具有很好的信度和效度。在本书的大样本统计分析过程中，发现新兴市场企业国际化市场、技术和资源动因对企业国际化经营绩效有积极的作用。探索性案例分析中发现，五个典型的新兴市场企业在海外寻求的技术除了以上的几个指标外，还包括"获取脑袋里的技术"；在寻求资源项目里，案例企业表现出寻求团队的新理念，这些新的研究发现应在未来的研究里做深入探讨。

9.1.2 新兴市场企业国际化路径

本研究在归纳提炼已有文献的基础上，从国际化程度角度研究国际化路径，选取海外销售占总销售的比重（FSTS）来研究新兴市场企业国际化经营的深度。问卷调查的研究结果显示，新兴市场企业国际化程度对新兴市场企业国际化绩效有影响，作为调节变量引入时也有相应的作用。在本书的探索性案例研究阶段，针对五个典型的新兴市场跨国企业的分析发现，国际化路径还包括国际化速度、阶段等，国际化速度、阶段对新兴市场企业国际化绩效有影响作用。我们还发现，新兴市场企业在国际化过程中，并不完全遵循由近及远的"心理距离"，它们往往采取更加激进的扩张方式，如通过并购发达国家的创造性资产获取竞争优势，这也在一定程度上修正和扩充了现在的国际化进程理论。

9.1.3　新兴市场企业国际化绩效

在实证研究部分，我们对新兴市场企业国际化绩效的测量采用了三个条目，采用 7 分 Liket 计分。条目具体包括：与同行相比，贵企业的海外投资回报率比较高；与同行相比，贵企业的销售利润率比较高；与同行相比，贵企业的净资产收益率比较高。这种企业国际化绩效题项的设计方式避免了敏感性问题，让企业管理层能够充分填写。通过对调查样本的信度和效度分析，结果表明，测量指标均具有很好的信度和效度。在问卷调查统计分析过程中，发现这一因变量与前面所提到的自变量和调节变量均有关联关系。在本书探索性案例研究部分，我们发现，新兴市场企业国际化经营呈现出新的绩效特征，如绩效提升有一定的时滞性和呈现出企业间的差异性，而更加灵活的体制和高水平的管理体系对新兴市场企业国际化绩效的提升是有积极作用的。

9.1.4　新兴市场企业国际化动因、路径与绩效的整合分析

在实证研究阶段，从资源基础观的视角，分析了新兴市场企业国际化动因、路径与绩效，构建理论体系，提出了以新兴市场企业国际化市场、技术和资源动因为自变量，新兴市场企业国际化路径为调节变量，新兴市场企业规模、国际化经验、东道国制度环境和国家文化距离为控制变量的作用机制

第9章 结论与启示

分析框架，并以典型的新兴市场国家——中国为例，对调查收集的企业数据做了实证检验，发现新兴市场企业国际化市场、技术与资源动因对新兴市场企业海外投资回报率、销售利润率和净资产收益率均有显著正的影响作用，调节变量对新兴市场企业国际化程度的作用也是显著的，其中，新兴市场企业国际化程度对新兴市场企业国际化技术动因与绩效的关系有显著负向调节作用，而对新兴市场企业国际化的市场、资源动因和绩效的关系起到相反的调节作用，即积极的影响作用。

在案例研究阶段，研究以国际化进程理论为基础，整合新兴市场企业国际化动因、路径与绩效，选取五个典型案例：北一机床、三一重工、潍柴动力、沈阳机床和大连机床进行探索性分析，运用扎根理论研究法中规范的译码程序进行了系统的分析和阐述，通过备选案例的重复、复制进行了多案例研究。发掘出五个范畴以及各范畴之间的逻辑关系，并由此提炼出了命题：为了弥补后发企业面临的技术瓶颈，新兴市场企业通过跨国并购发达国家的创造性资产，以获取核心技术，特别是研发能力，并注重对技术的消化吸收，实现企业可持续的技术创新能力，助力新兴市场企业实现技术追赶，提升企业的能力和国际竞争力；新兴市场企业在国际化过程中，通过跨国并购发达国家的创造性资产以获取战略资源的意图显于依赖已拥有的资源开展国际化经营，而关键性战略资源的获取助力企业提升竞争优势，实现跨越式发展；为了规避国内市场空间的局限和绕开国际市场贸易保护壁垒，新兴市场企业通过跨国并购发达国家的战略资产打开海外销售网络，抢占国际市场，提升企业的经营绩效和国际竞争力；新兴市场企业在国际化过程中，从国际化深度、广度、速度和阶段几方面开展国际化经营；新兴市场企业国际化路径并不完全遵循由近及远的"心理距离"，它们并购发达国家企业关键性战略资产，通过这种激进的扩张方式来弥补后发企业劣势；新兴市场企业在国际化过程中，由于受到企业内外因素的影响，其国际化经营绩效并不囿于固定的模式，而是表现出一定的时滞性和企业间差异性；而更加灵活的机制和高水平的管理体系对新兴市场企业国际化经营绩效的提升具有积极的作用。

9.1.5　新兴市场企业国际化区位选择分析

研究将国家文化距离、制度环境与区位选择整合分析，探讨新兴市场企业国际化过程中，国家文化距离与制度环境对区位选择的影响。研究发现：国家文化距离对我国企业海外投资有负向的影响。我国企业在海外投资时更愿意选择文化差异小的国家或地区，反之，文化差异大的国家或地区对我国企业的海外投资吸引力更弱；制度环境对我国企业海外投资区位选择有负向的影响。东道国越完善的制度环境越不利于我国企业的投资活动，相反，制度环境差的国家或地区更具有吸引力。

9.1.6　新兴市场企业对外直接投资逆向技术溢出效应分析

针对典型的新兴市场——中国的对外直接投资展开研究，以中国的八大行业为例探讨不同行业的异质吸收能力对 OFDI 逆向技术溢出的影响及其门槛效应。较以往多以省际面板数据为研究样本不同，本研究以行业层面的数据进行实证检验。研究结果表明，OFDI 逆向技术溢出对母国的技术进步有促进作用，且在不同行业间表现出明显的差异。采用本研究样本实证表明，科技行业和制造业的逆向技术溢出效应更加明显。研究采用 Hansen 的门槛回归模型，实证检验了吸收能力（研发资金强度和研发人员强度）的差异对 OFDI 逆向技术溢出的门槛效应，实证结果表明，研发资金强度对 OFDI 逆向技术溢出效应具有明显的积极的作用，研发人员强度对 OFDI 逆向技术溢出效应也有一定的负向门槛效应。这一结论对现有文献有一定的补充作用。

随着"一带一路"共建的有效实施，中国在对"一带一路"共建国家投资时如何实现技术进步与提升是重要议题。本书以中国对"一带一路"共建国家的投资为背景,分析制度距离与 OFDI 对中国全要素生产率的影响。研究表明,政治距离对中国全要素生产率影响不显著,经济距离对中国全要素生产率有显著的负向的影响作用,通过对"一带一路"共建国家的投资提升中国全要素生产率的效果不显著;交互效应表明制度环境的调节作用存在,具体表现为:政治距离对 OFDI 逆向技术溢出有负向的调节作用,经济距离和制度距离对 OFDI 逆向技术溢出有正向的调节作用。

9.2 理论贡献

本书的研究对理论界进行新兴市场企业国际化的理论研究有重要的作用。

第一,从资源基础视角提出了新兴市场企业国际进程中动因、路径与绩效的作用机制分析框架。以往文献对企业国际化的系统研究主要针对发达国家跨国企业,例如 Hymer（1960）、Vernon（1966）、Cavusgil（1980、1982）、Buckley and Casson（1976）、Kojima（1978）、Dunning（1977,1996,1998）的研究;针对新兴市场企业国际化的研究则有 Deng（2004）、Child（2005）、Yiu and Makino（2002）、Mathews（2006）、Luo and Tung（2007）、Gubbi（2010）的研究,但研究理论相对分散。本文从资源基础视角出发,系统地探讨了新兴市场企业国际化动因、路径和绩效的理论体系和作用机制,并经过了实证检验,将新兴市场企业国际化动因细分为市场、资源与技术动因;从国际化程度（深度）的角度分析新兴市场企业国际化路径;新兴市场企业国际化绩效用海外投资回报率、销售利润率和净资产收益率来测量。本书首次将新兴市场企业国际化路径作为调节变量引入其国际化动因与绩效关系中,研究表明,国际化程度对基于市场、资源和技术动因的国际化绩效有显著调节作用。这一综合的分析框架,为后续新兴市场企业国际化的理论和实证研究奠定了基础,是对现有的新兴市场企业国际化理论极大的补充,同时也扩充了企业国际化理论。

第二，揭示了新兴市场企业国际化的驱动因素和新兴市场企业国际化绩效提升的影响因素。传统的跨国公司理论的基础是垄断优势，认为只有具备垄断优势，企业才能克服跨国经营中的困难，战胜东道国当地企业，取得海外市场的成功。传统的跨国公司理论将垄断优势作为企业跨国经营的前提条件（Hymer, 1960; Dunning, 1977）。而本论文的研究以新兴市场跨国企业为背景，探讨其相异之处，也是对已有研究的一种扩充，探讨缺乏垄断优势的新兴市场企业也可以成功开展跨国经营；新兴市场企业国际化经营不是利用已有的优势，而是建立新的优势。新兴市场企业在国际化过程中不屈从于现有的格局，突破路径依赖，实现技术追赶，与发达国家跨国企业竞争，不再依赖于已拥有的资源，而是将国际扩张作为获取战略资源的跳板，通过收购或者购买成熟的跨国公司的关键资产克服后发劣势（Luo & Tung, 2007; Child, 2005; Mathews, 2002）。研究表明，以寻求市场、技术和资源为目的的新兴市场企业国际化对其国际化绩效有积极的影响，与传统的跨国企业国际化路径相比，新兴市场企业国际化路径存在差异，通过国际化可以弥补后发劣势，实现企业国际化经营绩效的提升。这些结论在一定程度上是对现有跨国企业理论的拓展。

第三，采用严谨的案例研究法，提炼出了新兴市场企业国际化过程新特征。文献资源的质化研究主要包括访谈获取研究资料和搜集研究对象的文献资料，在案例研究部分，以国际化进程理论为基础，整合新兴市场企业国际化动因、路径与绩效，选取五个典型案例：北一机床、三一重工、潍柴动力、沈阳机床和大连机床进行探索性分析，运用扎根理论研究法中规范的译码程序进行了系统的分析和阐述，通过备选案例的重复、复制进行了多案例研究，最后对案例企业整合分析并提炼出了命题。研究发现，案例企业在国际化过程中，国际化深度、广度、阶段和速度对其开展国际化经营有影响，与以往的研究只注重国际化深度与广度有差异，为后续的研究扩充了思路。此外，

第9章 结论与启示

研究结论也存在与传统的 IP 模型相异的地方。新兴市场企业在国际化过程中并不完全遵循由近及远的"心理距离"模式。案例企业通过跨国并购发达国家战略资产这种激进冒险的国际化方式迅速参与到国际竞争中,采取国际化战略来弥补企业的后发劣势,打开市场,获取企业所需的战略资源。他们通过并购发达国家企业的优质资产,有选择地实施国际化行为,迅速提高企业的自主创新能力,这与 Luo and Tung(2007)提出的跳板学说相一致。但是跳板学说并未系统地做实证与案例分析。本书弥补了新兴市场企业国际化过程理论上的不足,而且在一定程度上修正和扩充了国际化进程理论。在对五个案例企业进行扎根分析的过程中,我们还发现,新兴市场企业在国际化过程中,由于受到企业内外因素的影响,其国际化经营绩效并不囿于固定的模式,而是表现出一定的时滞性和企业间差异性,而更加灵活的机制和高水平的管理体系对新兴市场企业国际化经营绩效提升有积极的作用。这一研究结论扩充了新兴市场企业国际化理论。

第四,从新兴市场企业国际化路径角度揭示了新兴市场企业国际化绩效提升的条件。以往的文献主要是研究国际化程度对国际化绩效的影响作用,例如 Johanson and Vahlne(1977)、Sousa(2004)、蒋春燕和赵曙明(2006)、杨忠和张骁(2009)、杨丽丽(2010)的研究,缺乏从新兴市场企业国际化路径的角度揭示新兴市场企业国际化绩效提升条件的文献。本书首次将新兴市场企业国际化路径作为调节变量引入,探讨新兴市场企业国际化绩效提升的条件。研究表明,当新兴市场企业国际化程度越深时,以寻求市场和资源为动因的新兴市场企业国际化对其国际化绩效的提升越有积极的影响作用;而以寻求技术为动因的新兴市场企业国际化对其国际化绩效的影响是负向的。这一实证结论在一定程度上明晰了人们对新兴市场企业国际化绩效提升的条件的认识,为后续的研究提供了理论基础。

第五,将国家文化距离与制度环境作为重要自变量引入,探讨其对新兴市场企业国际化的区位选择影响机理。已有研究多将国家文化距离作为控制

变量探讨其对我国企业海外投资区位选择的影响（吴先明和胡翠平，2015；邓明，2012）。将国家文化距离作为独立的自变量引入，研究其对我国企业海外投资区位选择的文献缺乏且研究结论不一致。例如 Kolstad and Wiig（2009）的研究表明，中国企业在非 OECD 国家的投资主要投向资源丰富且制度质量较差的国家；Cheung and Qian（2009）的研究发现，东道国制度因素对于中国企业而言影响不显著。学者们对文化距离对国际贸易的影响做了大量的研究，认同相近的文化更有利于国际贸易，差异大的文化不利于两国间的贸易（Elsass & Veiga，1994；Min Zhou，2011）。文化距离对我国企业海外投资区位选择的影响的理论却并不系统（张吉鹏和衣长军，2014；蒋冠宏，2015），而对发达国家的制度环境的研究理论则颇为丰富。Dunning（1998）、Globerman and Shapiro（2002）、Frye（2004）的研究普遍认同制度质量与海外投资有积极的关系，然而新兴市场的跨国企业面临的情况是有差异的，这些来自发达国家的结论并不具备普适性。随着新兴市场跨国企业的发展，学者们也纷纷从发展中国家的跨国企业着手研究东道国制度对 FDI 的影响，但研究结论并不趋于一致（Buckley，2007；徐旸懋，2014；李媛、汪伟和刘丹丹，2015）。研究用引力模型分析国家文化距离与制度环境对中国企业海外投资区位选择的影响，进一步验证了国家文化距离对中国企业海外投资有负向的影响，制度环境对中国企业海外投资区位选择有负向的影响。这一结论对现有研究做了有效的补充。

第六，新兴市场企业国际化逆向技术溢出效应的行业差异与门槛效应整合分析。现有文献关于新兴市场企业海外投资对母国技术进步的贡献并未得出一致的结论（Driflield & Love，2003；Coe & Helpman，2009；Bitzer & Kerekes，2005；李梅和柳士昌，2012）。已有研究新兴市场企业海外投资逆向技术溢出的文献多以省际面板数据为研究对象（郭飞和李冉，2012；李梅和金照林，2011），以行业为研究对象的文献相对较少且研究结论并不一致（衣长布、李赛和张吉鹏，2015；吴立广和尹灵秀，2014）。新兴市场跨国企业如中国跨国企业所属行业门类众多，势必应以行业为研究对象，探讨母国不同行业开展 OFDI 时的技术溢出效应。本研究将不同行业的异质吸收能力引入，探讨其对 OFDI 逆向技术溢出效应的影响。研究发现，OFDI 逆向技术溢出对母国的技术进步有促进作用，且在不同行业间表现出明显的差异。科学研究和技术服务业以及制造业的逆向技术溢出效应更加明显；采用门槛回归模型实证检验了吸收能力（研发资金强度和研发人员强度）的差异对 OFDI 逆向技术溢出的门槛效应，研发资金强度对 OFDI 逆向技术溢出效应具有明显的积极的作用，研发人员强度对 OFDI 逆向技术溢出存在负向门槛效应。研究丰富了现在的研究范畴和结论。

第七，中国跨国企业对"一带一路"共建国家投资中的逆向技术溢出效应并不明显。现有研究关于 OFDI 能否实现在"一带一路"共建国家的逆向技术溢出效应，并未得到一致的结论（Bitzer & Kerekes, 2005; Amann & Virmani, 2014）。已有研究表明，制度环境对技术进步和生产率提高有影响（Higón & Manjón-Antolín, 2014）。学者们也开始关注新兴市场跨国企业的对外直接投资活动，尤其是中国对"一带一路"共建国家的投资。张媛媛（2017）选取了 15 个"一带一路"共建国家，研究中国与"一带一路"共建国家的制度距离对中国的技术溢出效应；也有学者从母国制度环境与东道国制度环境的角度分别研究其对逆向技术溢出的影响。贺艳琴（2019）研究了"一带一路"共建国家制度质量对中国 OFDI 逆向技术溢出的影响，对东道国制度质量的衡量包括政治、经济、法律和文化四个方面。研究结果表明，政治和法律起负向的作用，经济制度对逆向技术溢出有积极的作用，中国与"一带一路"共建国家的文化差异越小越有利于逆向技术溢出效应。本书研究表明：政治距离对我国全要素生产率影响不显著，经济距离对我国全要素生产率有显著的负向的影响作用，OFDI 对全要素生产率积极作用不明显，显著的 OFDI 逆向技术溢出效应并未发生，政治距离、经济距离和制度距离对 OFDI 逆向技术溢出有调节作用。研究结论丰富了现有文献。

9.3　管理实践启示及建议

本书的研究结果对新兴市场企业国际化实践有重要的指导意义。

第一，以寻求市场为目的的新兴市场企业国际化对其国际化绩效有重要影响作用。经济一体化程度越来越高，世界市场形成一体，作为后来者的新兴市场跨国企业面对的竞争对手数量会越来越多且实力会越来越强，如何在国际市场上占有一席之地成为企业关注的主要问题。新兴市场跨国企业进入国际市场的时间不长，后发劣势明显，企业可以通过并购合资等方式，快捷获取海外销售网络。研究也表明，以获取市场为目的的新兴市场企业国际化对其国际化绩效有重要影响作用，因而，新兴市场企业在国际化水平不高的情况下，应该加大力度扩张其海外市场，例如，大连机床并购美国的英格索尔还有德国的兹默曼，以资本换取市场，获得了海外经营绩效。与此同时，海外销售占总销售的比重越高，对以市场为主要目的的新兴市场企业国际化绩效越具有积极作用，也就是说，新兴市场企业在国际化过程中，要努力提升其国际化程度，提升企业海外销售的份额，在扩张市场的同时，可以有更好的投资回报，对企业的能力和竞争优势的提升是有极大帮助的。

第二，以寻求技术为目的的新兴市场企业国际化对其国际化绩效有重要影响作用。发达国家企业在技术上往往具有领先优势，为了获取企业所需的技术，新兴市场企业在其国际化初期不应是等待时机的态度，而应该以积极主动的方式进行逆向的对外直接投资，如对发达国家 R&D 能力较强的企业或部门以并购或合资的方式获取其关键技术或研发能力，而当企业国际化程度深入的时候，应转变其海外投资动机。本书的实证研究发现，以获取技术为目的的新兴市场企业国际化对其国际化绩效有影响作用。例如，北一机床收购德国的科堡公司实现了技术的成功转移，采取的就是逆向的并购方式获取所需的技术，研发能力也在北一机床形成，从而推动北一机床长期绩效的提升。但是值得注意的是，随着国际化程度的深入，这种影响作用会变成负向的，也就是说，当新兴市场企业的海外销售占总销售额的比重变大时（即国际化程度加深时），以寻求技术为目的的新兴市场企业国际化的绩效反而是下降的。这项研究发现对企业经营管理有重要参考价值，企业应该在国际化程度不深时，加强对技术的学习引进，对国际化绩效的提升有积极的作用，而当企业国际化程度深入时，企业应该考虑是否改变其国际化经营动机的侧重点，否则会对绩效有反向的作用。

第三，以寻求资源为目的的新兴市场企业国际化对其国际化绩效有重要影响作用。依据资源基础理论的观点，企业绩效的提升存在不同的原因，这是资源带来的持续竞争优势。资源是异质的，企业的资源是独特的，它符合稀缺性、价值性、难以替代性和难以模仿性的特点。企业的战略资源的形成具备社会复杂性，存在于特定的历史条件下，因而能把企业与其他企业隔开，产生持续的竞争优势。新兴市场企业对各种战略资源和自然资源依赖程度大，为了保障本国经济的发展，有必要到海外寻求资源，进行外向型直接投资，获取战略资产，增强企业自身的能力和竞争优势。研究表明，以寻求资源为目的的新兴市场企业国际化对其国际化绩效有积极的影响作用。例如，沈阳机床并购德国希斯，获取了目标企业的团队与品牌等资源，提升了企业的长期绩效；与此同时，新兴市场企业国际化程度越深时，即海外销售占总销售的份额越大时，这种影响越明显。因而，新兴市场企业应努力提升其国际化程度，在海外积极寻求企业所需的战略资源的同时，可以有更好的投资回报，对企业的能力和竞争优势的提升是有极大帮助的。

第四，企业应扩充国际化路径，在国际化过程中，可以通过激进的扩张方式获取竞争优势。新兴市场企业在国际化过程中，应考虑企业国际化的海外销售占总销售的比重（国际化深度）对企业国际化经营的影响。除此以外，企业国际化在海外经营的国家/地区的范围（国际化广度）也会对企业国际化经营产生影响。而企业国际化阶段和速度同样对企业国际化产生作用。由此，新兴市场企业应加快国际化步伐，实现企业从国际化的初级阶段向更成熟的阶段过渡，对企业的竞争力的提升是有帮助的。在国际化进程中，新兴市场企业不应拘泥于在邻近的周边国家的投资发展。例如，大连机床在选择投资区位时，就将市场放在首位考虑，以市场的需求为驱动，并不遵循由近及远的"心理距离"。反之，盲目跟随战略可能会误导企业。在国际化过程中，企业可以通过跨国并购发达国家企业关键战略资产等方式快速获取企业所需的战略资源，实现后发企业的追赶战略。

第五，新兴市场企业在国际化过程中，建立灵活的企业机制和高水平的管理体系对企业经营绩效有积极的意义。新兴市场企业在国际化过程中，绩效提升有一定的时滞性和呈现出企业间的差异性，这涉及企业对获取的战略资源的消化吸收能力，而转化需要过程。尽管如此，新兴市场企业国际化却是大势所趋。此外，企业的机制是否灵活，也对企业在国际化过程中战略资源的获取、消化和吸收有影响作用。企业的管理团队的战略眼光和管理水平的高低，对企业进行国际化经营及绩效有影响作用，因此，新兴市场跨国企业应该不断提高企业管理团队的水平，建立更加高效灵活的体制结构，缩短新兴市场企业国际化绩效提升的时间跨度，向优秀的同类国际化企业学习，助力企业国际化经营绩效的提升。

第六，新兴市场企业在开展国际化经营时，国家文化距离与制度环境会对其区位选择产生影响作用。首先，国家文化距离是企业开展海外投资的重要影响因素。以往对国家文化距离对区位选择的影响的认识并不高，而国家文化距离是企业海外投资的重要影响因素。新兴市场企业在开展 OFDI 时要重视文化距离的影响，选择文化相似性更大的国家或地区对成功开展海外经营、打开海外市场有积极的作用。其次，制度环境是企业海外投资的重要影响因素。企业在开展海外经营时，选择制度风险高的国家或地区，对企业成功开展国际化经营有积极的影响。再次，东道国资源禀赋、市场规模和双边贸易关系对新兴市场企业海外投资有重要影响作用。新兴市场企业在开展海外投资时，要充分利用东道国的资源禀赋，开展资源寻求或利用型的海外投资是有利的。新兴市场企业在 OFDI 时，选择市场规模大的国家或地区更有利于企业海外投资活动的开展。最后，良好的贸易关系也有利于积极开展投资活动，新兴市场企业应厘清东道国与母国的贸易紧密度，以便适时地开展投资活动。

第七，新兴市场企业国际化逆向技术溢出效应分析。研究提出以下政策建议：首先，鼓励科学研究和技术服务业以及制造业对外直接投资，改善各行业对外直接投资的结构。商务部数据显示，2023 年年末，中国对外直接投资存量为 29554 亿美元，其中租赁和商务服务业对外直接投资占 39.9%，流向采矿业的占 6.5%，流向制造业的占 9.6%，流向科学研究、技术服务行业的仅占 2%。而实证研究表明，采矿业的 OFDI 逆向技术溢出效应并不如其他行业的明显，商务服务业的技术溢出效应也低于科学研究和技术服务业以及制造业。因而，如果是以获取东道国的先进技术为目的的对外直接投资，我们应该更多地鼓励科学研究和技术服务业以及制造业的对外直接投资，改善各行业的对外直接投资结构，以期实现新兴市场企业 OFDI 逆向技术溢出效应。其次，加强母国各行业对东道国技术溢出的吸收能力。新兴市场要提高自身的经济发展水平、自主创新能力、加强研发资金的投入等，这都有助于提升其对东道国先进技术的消化、吸收以及转化能力，最终提升母国的自主创新能力。随着我国政府对创新创业的日益重视，在政策上和资金上给予了大量的倾斜，这将极大促进企业尤其是外向型企业的技术创新，通过研发资金投入不断增加，提升各行业企业的技术消化和吸收能力，最终实现由"输血"向"造血"的转变，提升企业自身的自主创新能力，印证了宏观政策方向以及企业通过 OFDI 实现逆向技术溢出效应的目标。中国企业在对"一带一路"共建国家投资时，显著的 OFDI 逆向技术溢出效应并未发生，因此，中国企业以技术寻求型动机开展对"一带一路"共建国家投资时尚需慎重考虑。

9.4 研究的局限及未来研究方向

研究存在的局限和未来研究的方向主要有以下几点。

第一，研究对象的扩大和细化。本书研究所依赖的数据仅来源于中国，而新兴市场作为一个集合，其内部并非同质的，即便是处于同一区域内的国家也是这样（Hoskisson, Eden & Lau, 2000）。因此，本书的实证检验的结论能否适用于其他新兴市场企业是值得考虑的，比如那些政府对市场经济管控更少的国家以及一些人口、面积较小的新兴市场国家。事实上，即使在最能代表新兴经济体的金砖国家（BRICs）内，俄罗斯、印度、巴西和南非都与中国的情况相差甚远，例如，俄罗斯和巴西的自然资源非常丰富，因此其主要的支柱产业多集中在采掘业，而印度的软件外包业相对发达且其国内的大型私人企业财团也初具规模，所有这些都决定了本书所提出的研究框架的普适性还需要更多的检验。因而，未来应该选取不同新兴市场的企业作为研究对象，如印度、俄罗斯、巴西、南非等国的跨国企业。此外，为了提高研究结论的针对性，本书的研究对象应该细化，如在行业上进一步细分，对企业规模上的细分，对企业类型上的细分等，只有这样，研究的结论才能更加被接受，普适性可以得到提高。在研究中国对"一带一路"共建国家投资时，样本选取的是44个"一带一路"共建国家，随着"一带一路"共建的有效实施，未来可以扩充样本，使研究对象丰富化。

第二，研究变量的丰富。新兴市场企业国际化的研究远远超出了本研究所设定的变量，因此，在未来的研究中，可以考虑在研究模型中放入更多的研究变量来更为全面地研究新兴市场企业的国际化。在本书设定的研究模型中，新兴市场企业国际化动因变量设定为市场、资源与技术，未来的研究可以加入如战略资产、寻求效率等变量；企业国际化路径的研究里，关于国际

第9章 结论与启示

化程度的国际化深度衡量指标可以加入海外 FATA（资产占总资产的比例）、FETE（海外雇员比例）等，对国际化路径的测量可以加入国际化广度指标，具体测量用 NCOS（海外经营涉及的国家数量）、FSDP（海外销售的市场离散程度）等，在国际化路径里还应加入国际化速度和国际化阶段。在本书的第 5 章分析结论里可以看到，企业国际化广度、阶段、速度对其国际化经营是有影响作用的，因而，今后的研究应将这些指标纳入国际化路径做实证分析，从而使研究更具说服力。此外在研究国际化绩效时还应考虑主观指标与客观指标。Sousa（2004）在研究企业国际化绩效时，认为财务指标不是主要、唯一的衡量方式，主观指标如企业的经验、能力和资源也相对重要。除了以上变量外，还有很多影响因素应该纳入模型中，如本书只考虑了东道国制度环境和国家层面的文化距离，而来自新兴市场母国的制度环境、国家的汇率等都会对新兴市场企业国际化产生影响；新兴市场企业层面的文化距离也会对其国际化经营产生影响，这些都应该在未来的研究中纳入模型。在研究新兴市场企业国际化区位选择时，将国家文化距离与制度环境作为自变量引入模型，而影响新兴市场企业国际化区位选择的因素具有多样性，除了国家文化距离与制度环境等宏观因素外，行业中观层面和企业微观层面的因素也会对新兴市场企业国际化区位选择产生一定的影响作用。未来做进一步实证分析时可将相关变量纳入模型，检验其共同对新兴市场企业国际化区位选择的影响机理，提升研究结论的普适性。在研究新兴市场企业国际化逆向技术溢出效应时，本书主要考虑制度环境、OFDI 对全要素生产率的影响。而影响母国技术溢出的因素是多维的，未来还可以加入更多宏观、中观与企业微观层面的变量，丰富现有的研究。将母国吸收能力作为门槛变量引入时，本书只考虑了研发资金强度和研发人员强度两个主要因素，未来还可以引入更多吸引能力指标，使研究结论更加适应新兴市场跨国企业。在研究中国对"一带一路"共建国家投资如何实现逆向技术溢出效应时，本书只考虑了宏观层面的制度环境与 OFDI 对技术溢出的影响，未来可以丰富变量，更好地为中国对"一带一路"共建国家的投资提供参考建议。

第三，变量测量指标的成熟化。本书在对新兴市场企业国际化动因进行测量时，如市场动因采用的是拓展东道国市场这一题项来测量，指标过于单一，未来的研究可以再扩展之，让其更加成熟化；在测量技术动因时，采用的指标也可能不能完全涵盖新兴市场企业国际化经营的技术驱动因素；在测量资源动因时，本书主要从品牌渠道、自然资源和人力资源的角度来测量题项，这些指标是重要的资源指标，但也可能存在涵盖不全的问题，如在对五个案例企业做深度访谈过程中，我们发现，战略资源、效率资源等也是企业很重要的关键性资源，在未来研究考虑资源动因测量题项时，可以加入，判断其信度和效度，使之成熟化。如前文所述，本书在测量国际化路径时，采取的是国际化程度，这一指标过于单一，用来测量国际化路径可能并不能完全反映之，也可能存在不成熟的问题，未来可以丰富变量使之成熟化。在测量新兴市场企业国际化绩效时，我们采用的是相对主观的财务指标，这些指标对于管理层在填答时更容易使之接受，提高了填答率，但是可能存在判断不精确的问题，后续应该从主客观两个层面来探讨国际化绩效的测量，保证指标选取的可靠性。在研究新兴市场企业国际化区位选择时，国家文化距离、制度环境和区位选择的测量还可以更加丰富化。在研究新兴市场企业国际化逆向技术溢出效应时，全要素生产率的测量、国内各行业研发投入的计算、国外研发逆向技术溢出的计算、门槛变量吸收能力的测量以及控制变量市场势力的测算均可以再根据新的研究文献和企业实践不断提炼与优化，使相关变量的测量更加丰富与成熟。

参考文献

[1] 白洁. 对外直接投资的逆向技术溢出效应——对中国全要素生产率影响的经验检验 [J]. 世界经济研究, 2009, 8: 65-69.

[2] 柴忠东. 亚洲新兴市场企业"加速的国际化"现象剖析 [J]. 中大管理研究, 2012 (7) (02): 13-34.

[3] 戴魁早, 刘友金. 市场化进程对创新效率的影响及行业差异——基于中国高技术产业的实证检验 [J]. 财经研究, 2013, 39 (05): 4-16.

[4] 邓明. 制度距离"示范效应"与中国OFDI的区位分布 [J]. 国际贸易问题, 2012, 02: 123-135.

[5] 樊增强. 企业国际化动因理论述评 [J]. 当代经济研究, 2005 (9): 18-22.

[6] 高敏雪, 李颖俊. 对外直接投资发展阶段的实证分析——国际经验与中国现状的探讨 [J]. 管理世界, 2004 (1): 55-61.

[7] 郭飞, 李冉. 中国对外直接投资的逆向技术溢出效应——基于分行业面板数据的实证研究 [J]. 海派经济学, 2012, 10 (03): 59-67.

[8] 韩伟伟. 中国企业国际化与经营绩效的关系研究 [D]. 杭州: 浙江大学, 2010.

[9] 贺慈浩, 贺燕敏. 我国中小企业国际化路径选择 [J]. 商业经济与管理, 2002 (6): 25-26.

[10] 贺艳琴. "一带一路"沿线国家制度质量对中国OFDI逆向技术溢出的影响研究 [D]. 西安: 西北大学, 2019.

[11] 胡春燕. 企业网络结构特征对企业国际化绩效影响的实证研究

[D]．长沙：中南大学，2010.

［12］江积海．基于动态能力的后发企业新产品开发策略研究［J］．科研管理，2007，(01)：104-109.

［13］蒋再文．后发企业技术能力提升路径及其微观机理研究［J］．华东经济管理，2011，25（07）：80-84.

［14］李朝明，鲁桐．温州民营企业跨国经营调查［J］．经济理论与经济管理，2003（1）：70-74.

［15］李春顶．出口贸易，FDI 与我国企业的国际化路径选择——新新贸易理论模型扩展及我国分行业企业数据的实证研究［J］．南开经济研究，2009（2）：15-28.

［16］李春荣．中国汽车市场弱势后入者竞争战略研究［D］．武汉：华中科技大学．2010

［17］李梅，金照林．国际 R&D，吸收能力与对外直接投资逆向技术溢出——基于我国省际面板数据的实证研究［J］．国际贸易问题，2011（10）：124-136.

［18］李梅，柳士昌．对外直接投资逆向技术溢出的地区差异和门槛效应——基于中国省际面板数据的门槛回归分析［J］．管理世界，2012（1）：21-32.

［19］李平，徐登峰．中国企业对外直接投资进入方式的实证分析［J］．国际经济合作，2010（5）：86-94.

［20］李卫宁．天生国际企业创业导向与国际绩效的关系研究［J］．管理学报，2010，7（6）：819-824.

［21］李武杰．转型经济中的民营企业合法性获取战略的案例研究——企业家视角［D］．杭州：浙江工商大学，2010.

［22］李元旭．界定新兴市场［J］．国际贸易，2003，3：38-39.

［23］刘明霞，王学军．中国对外直接投资的逆向技术溢出效应研究

[J]．世界经济研究，2009（9）：57-62．

［24］刘阳春．中国企业对外直接投资动因理论与实证研究［J］．中山大学学报（社会科学版），2008，48（3）：177-184．

［25］鲁桐．企业国际化阶段、测量方法及案例研究［J］．世界经济，2000（3）：9-18．

［26］鲁慧玲．中国企业国际化与绩效关系研究［D］．上海：复旦大学，2008．

［27］罗华．新兴市场企业OFDI动因与模式研究：来自中国的证据［D］．武汉：武汉大学．2011

［28］罗婷婷．国际化动机 国际化能力与国际化绩效的关系——基于中小企业的实证研究［J］．管理现代化，2012（3）：18-31．

［29］马海燕．国际化能提升企业绩效吗？——基于中国纺织服装上市公司的实证［J］．科学学与科学技术管理，2010（10）：149-154．

［30］马丕玉．国际化程度与经营绩效：基于进出口上市公司的实证［J］．统计与决策，2011（11）：141-142．

［31］孟华．国际化与企业绩效：基于制度环境的研究［D］．上海：华东师范大学，2009．

［32］欧阳艳艳，喻美辞．中国对外直接投资逆向技术溢出的行业差异分析［J］．经济问题探索，2011，4：101-107．

［33］潘镇．中小企业绩效的决定因素——一项对426家企业的实证研究［J］．南开管理评论，2005（8）：54-59．

［34］裴长洪．论中国进入利用外资新阶段［J］．中国工业经济，2005，（01）：14-22．

［35］宋泓，柴瑜，张泰．市场开放，企业学习及适应能力和产业成长模式转型——中国汽车产业案例研究［J］．管理世界，2004（8）：61-74．

［36］宋亚非．我国中小企业跨国经营的动因及优势分析［J］．哈尔滨

商业大学学报，2007（1）：9-12.

［37］孙金云．新兴市场企业的"模仿式创新"路径及机理研究［D］．上海：复旦大学，2011.

［38］田志龙，邓新明，樊帅．从500强企业看中国企业国际化进程［J］．中国软科学，2007（9）：88-96.

［39］汪伟，史晋川．进入壁垒与民营企业的成长——吉利集团案例研究［J］．管理世界，2005（4）：132-140.

［40］王爱娇．电信企业的国际化程度与企业绩效的关系研究［D］．北京：北京邮电大学，2009.

［41］王福胜．中国上市公司国际化程度与经营绩效关系的实证研究［J］．哈尔滨工业大学学报（社会科学版），2009，11（1）：115-122.

［42］王宏新．中国企业国际化路径演变模式实证分析［J］．世界经济研究，2007（2）：46-50+28+88-89.

［43］温忠麟，侯杰泰，张雷．调节效应与中介效应的比较和应用［J］．心理学报，2005，37（2）：268-274.

［44］韦军亮，陈漓高．政治风险对中国对外直接投资的影响——基于动态面板模型的实证研究［J］．经济评论，2009，04：106-113.

［45］吴三清．中小企业国际化经营的影响因素实证研究［J］．暨南学报（哲学社会科学版），2005，（03）：23-29+137-138.

［46］吴先明．制度环境与我国企业海外投资进入模式［J］．经济管理，2011，4：68-79.

［47］吴先明，胡翠平．国际化动因、制度环境与区位选择：后发企业视角［J］．经济管理，2015，05：51-62

［48］吴立广，尹灵秀．中国对外直接投资逆向技术溢出效应研究——基于Malmquist指数和我国行业面板数据的实证研究［J］．工业技术经济，2014，33（08）：154-160.

[49] 夏清华. 我国企业的国际化战略与绩效 [J]. 中国软科学, 2003 (7): 64-69.

[50] 谢伟. 中国企业技术创新的分布和竞争策略——中国激光视盘播放机产业的案例研究 [J]. 管理世界, 2006 (2): 50-62.

[51] 熊吉娜. 国际化程度与企业绩效关系的研究——制度与企业能力的调节作用 [D]. 北京: 北京邮电大学, 2012.

[52] 徐江. 我国中小企业国际化影响因素及其对国际化绩效的影响研究 [D]. 长春: 吉林大学, 2012.

[53] 薛求知, 朱吉庆. 中国对外直接投资发展阶段的实证研究 [J]. 世界经济研究, 2007, (02): 36-40+88.

[54] 薛求知. 中国企业国际化经营: 动因、战略与绩效——一个整合性分析框架与例证 [J]. 上海管理科学, 2008 (1): 1-5.

[55] 阎海峰, 黄烨菁, 罗志松. 中国企业对外直接投资行为分析 [J]. 世界经济研究, 2009, (07): 50-56+88.

[56] 衣长军, 李赛, 张吉鹏. 制度环境, 吸收能力与新兴市场 OFDI 逆向技术溢出效应——基于中国省际面板数据的门槛检验 [J]. 财经研究, 2015, 41 (11): 4-19.

[57] 杨忠. 企业国际化程度与绩效关系研究 [J]. 经济研究, 2009, 44 (02): 32-42+67.

[58] 杨丽丽. 国际化程度与企业绩效关系实证研究综述 [J]. 外国经济与管理, 2009 (31): 16-36.

[59] 余金花, 程南洋. 中国中小企业国际化经营路径分析 [J]. 南京林业大学学报: 人文社会科学版, 2005, 4 (4): 49-53.

[60] 袁靖波, 刘明霞. 中国企业国际化的路径和模式探索 [J]. 企业活力, 2006 (9): 4-6.

[61] 郑莹, 阎大颖, 任兵. 制度壁垒、组织学习与中国企业对外投资

区位选择［J］．国际商务（对外经济贸易大学学报），2015，02：47-56.

［62］张骁，杨忠．中小企业国际化研究：一个概念模型［J］．国际经贸探索，2007，23（1）：36-40.

［63］张一弛，欧怡．企业国际化的市场进入模式研究述评［J］．经济科学，2001（4）：11-19.

［64］张吉鹏，衣长军．东道国技术禀赋与中国企业OFDI区位选择——文化距离的调节作用［J］．工业技术经济，2014，04：90-97.

［65］张纪凤．制度因素、资源寻求与中国对外直接投资的区位选择［J］．工业技术经济，2013，09：56-62.

［66］张丽芳．新兴市场企业国际化动因、路径与绩效：对中国企业的案例研究［J］．湖南社会科学，2016，（03）：155-160.

［67］张丽芳．中国对外直接投资逆向技术溢出的行业差异和门槛效应研究［J］．江苏高职教育，2021，21（01）：56-64.

［68］张媛媛．"一带一路"战略背景下制度距离对中国OFDI逆向技术溢出的影响研究［D］．重庆：四川外国语大学，2017.

［69］赵世磊．基于SEM的企业国际化经营与绩效关系研究［J］．经济理论与经济管理，2012（2）：97-103.

［70］赵曙明．企业国际化的条件、路径、模式及其启示［J］．科学学与科学技术管理，2010（1）：116-122.

［71］赵优珍．中小企业国际化理论与实践研究——兼论我国中小企业的国际化经营［D］．上海：复旦大学，2003.

［72］赵优珍．"天生的国际企业"——概念，现象，成因与启示［J］．国际商务研究，2004（3）：65-69.

［73］Andersen O. On the internationalization process of firms: a critical analysis［J］. Journal of international business studies, 1993, 24（1）: 209-231.

［74］Andreff W. The new multinational corporations from transition countries

[J]. Economic Systems, 2002, 26 (4): 371-379.

[75] Athreye S, Kapur S. Introduction: The internationalization of Chinese and Indian firms—trends, motivations and strategy [J]. Industrial and Corporate Change, 2009, 18 (2): 209-221.

[76] Aulakh P S. Emerging multinationals from developing economies: Motivations, paths and performance [J]. Journal of international management, 2007, 13 (3): 235-240.

[77] Baron R M, Kenny D A. The moderator-mediator variable distinction in social psychological research: Conceptual, strategic, and statistical considerations [J]. Journal of personality and social psychology, 1986, 51 (6): 1173.

[78] Barro R J, Lee J W. International comparisons of educational attainment [J]. Journal of monetary economics, 1993, 32 (3): 363-394.

[79] Benjamin Gomers-casseres. Firm Ownership Preferences and Host Government Restrictions: An Integrated Approach [J]. Journal of International Business Studies, 1990, 21 (1): 1-22.

[80] Bonaccorsi A. On the relationship between firm size and export intensity [J]. Journal of International Business Studies, 1992, 23 (1): 605-635.

[81] Borensztein E, De Gregorio J, Lee J W. How does foreign direct investment affect economic growth? [J]. Journal of international Economics, 1998, 45 (1): 115-135.

[82] Boris U, De Haaff N. Internationalization and Innovation in Emerging Markets: Case Studies on Chinese, Malaysian and South African Multinational Companies [J]. Advances In Management, 2013, 6 (4): 90-92.

[83] Buckley P J, Hashai N. Formalizing internationalization in the eclectic paradigm [J]. Journal of International Business Studies, 2009, 40 (1): 58-70.

[84] Bulent Aybar and Aysun Ficici. Cross-border acquisitions and firm val-

ue: An analysis of emerging-market multinationals [J]. Journal of International Business Studies, 2009, 40: 1317-1338.

[85] Cavusgil S T. On the internationalization process of firms [J]. European research, 1980, 8 (6): 273-281.

[86] Charles WL Hill, Peter Hwang, Chan Kim W. An Eclectic Theory OF The Choice OF International Entry Mode [J]. Strategic Management Journal, 1990, 11 (2): 117-128.

[87] Cheung Y W, Qian X. Empirics of China's outward direct investment [J]. Pacific Economic Review, 2009, 14 (3): 312-341.

[88] Chiao Y C, Yu C M J, Li P Y, et al. Subsidiary size, internationalization, product diversification, and performance in an emerging market [J]. International Marketing Review, 2008, 25 (6): 612-633.

[89] Child J, Rodrigues S B. The Internationalization of Chinese Firms: A Case for Theoretical Extension? [J]. Management and organization review, 2005, 1 (3): 381-410.

[90] Chudnovsky D, López A. A third wave of FDI from developing countries: Latin American TNCs in the 1990s [J]. Transnational Corporations, 2000, 9 (2): 31-74.

[91] Cockburn I M, Henderson R M. Absorptive capacity, coauthoring behavior, and the organization of research in drug discovery [J]. The journal of industrial economics, 1998, 46 (2): 157-182.

[92] Cohen W M, Levinthal D A. Absorptive capacity: A new perspective on learning and innovation [J]. Administrative science quarterly, 1990, 35 (1): 128-152.

[93] Contractor F J, Kundu S K, Hsu C C. A three-stage theory of international expansion: The link between multinationality and performance in the service

sector [J]. Journal of international business studies, 2003, 34 (1): 5-18.

[94] Coviello N E. The network dynamics of international new ventures [J]. Journal of International Business Studies, 2006, 37 (5): 713-731.

[95] Crick D. The internationalisation of born global and international new venture SMEs [J]. International Marketing Review, 2009, 26 (4/5): 453-476.

[96] Czinkota M R, Ursic M. Classification of exporting firms according to sales and growth into a share matrix [J]. Journal of Business Research, 1991, 22 (3): 243-253.

[97] Daphne Yiu, Shige Makino. The Choice between Joint Venture and Wholly Owned Subsidiary: An Institutional Perspective [J]. Organization Science, 2002, 13 (6): 667-683.

[98] Davidson R, MacKinnon J G. Estimation and inference in econometrics [M]. New York: Oxford, 1993.

[99] Dhanaraj C, Beamish P W. A Resource-Based Approach to the Study of Export Performance [J]. Journal of Small Business Management, 2003, 41 (3): 242-261.

[100] Dunning J H. Location and the multinational enterprise: a neglected factor? [J]. Journal of international business studies, 1998, 29 (1): 45-66.

[101] Eisenhardt K M, Graebner M E. Theory building from cases: opportunities and challenges [J]. Academy of management journal, 2007, 50 (1): 25-32.

[102] Ellis P D. Paths to foreign markets: does distance to market affect firm internationalisation? [J]. International Business Review, 2007, 16 (5): 573-593.

[103] Elsass P M, Veiga J F. Acculturation in acquired organizations: A force-field perspective [J]. Human Relations, 1994, 47 (4): 431-453.

[104] Eren-Erdogmus I, Cobanoglu E, Yalcin M, et al. Internationalization of emerging market firms: the case of Turkish retailers [J]. International Marketing Review, 2010, 27 (3): 316-337.

[105] Erramilli M. Krishna, Sanjeev Agarwal. Are Firm-specific Advantages Location-specific TOO? [J]. Journal of International Business Studies, 1997, 28: 735-757.

[106] Farok J. Contractor. A Three-Stage Theory of International expansion: the Link between multinationality and Performance in the Service Sector [J]. Journal of International Business Studies, 2003, 34 (1): 5-18.

[107] Felbermayr G J, Jung B, Toubal F. Ethnic networks, information, and international trade: Revisiting the evidence [J]. Annals of Economics and Statistics/Annales d'Économie et de Statistique, 2010, 97 (98): 41-70.

[108] Filatotchev I, Strange R, Piesse J, et al. FDI by firms from newly industrialised economies in emerging markets: corporate governance, entry mode and location [J]. Journal of International Business Studies, 2007, 38 (4): 556-572.

[109] Gaur A, Kumar V. Internationalization of emerging market firms: a case for theoretical extension [J]. Advances in International Management, 2010, 23: 603-627.

[110] Gelbuda M, Meyer K E, Delios A. International business and institutional development in Central and Eastern Europe [J]. Journal of International Management, 2008, 14 (1): 1-11.

[111] Girod S J G, Bellin J B. Revisiting the "Modern" Multinational Enterprise Theory: An Emerging-market Multinational Perspective [J]. Research in Global Strategic Management, 2011, 15: 167-210.

[112] Globerman S, Shapiro D. Global foreign direct investment flows: The role of governance infrastructure [J]. World development, 2002, 30 (11):

1899-1919.

［113］Goldstein A, Pusterla F. Emerging economies' multinationals: General features and specificities of the Brazilian and Chinese cases［J］. International journal of emerging markets, 2010, 5 (3/4): 289-306.

［114］Gomes L, Ramaswamy K. An empirical examination of the form of the relationship between multinationality and performance［J］. Journal of International Business Studies, 1999, 30 (1): 173-187.

［115］Govindarajan V, Ramamurti R. Reverse innovation, emerging markets, and global strategy［J］. Global Strategy Journal, 2011, 1 (3-4): 191-205.

［116］Guillén M F, García-Canal E. The American model of the multinational firm and the "new" multinationals from emerging economies［J］. The Academy of Management Perspectives, 2009, 23 (2): 23-35.

［117］Hansen B E. Threshold effects in non-dynamic panels: Estimation, testing, and inference［J］. Journal of econometrics, 1999, 93 (2): 345-368.

［118］Hair J F, Black W C, Babin B J, et al. Multiple regression analysis［J］. Multivariate Data Analysis, 1998, 5 (3): 207-219.

［119］Harold G. f. Gankema, Henoch R. Snuif, Peter S. Zwart. The Internationalization Process of Small and Medium-sized Enterprises: An Evaluation of Stage Theory［J］. Journal of small business management, 2000 (10): 15-27.

［120］Helena Barnard. Capability development and the geographic destination of outbound FDI by developing country firms［J］International Journal of Technology and Globalisation, 2008, 4: 39-55.

［121］Henderson R, Cockburn I. Measuring competence? Exploring firm effects in pharmaceutical research［J］. Strategic management journal, 1994, 15 (S1): 63-84.

［122］Hitt M A, Hoskisson R E, Kim H. International diversification:

Effects on innovation and firm performance in product-diversified firms [J]. Academy of Management journal, 1997, 40 (4): 767-798.

[123] Hoskisson R E, Eden L, Lau C M, et al. Strategy in emerging economies [J]. Academy of management journal, 2000, 43 (3): 249-267.

[124] Hsu C C, Pereira A. Internationalization and performance: The moderating effects of organizational learning [J]. Omega, 2008, 36 (2): 188-205.

[125] Ivar kolstad, Arne Wiig. What determines Chinese outward FDI? [J]. Journal of World Business, 2012, 47 (1): 26-34.

[126] Jain N K. Resource, Strategies, Location Determinants, And Host Country Location Choice By Emerging Market Firms [D]. FIU Electronic Theses and Dissertations, 2009.

[127] Jay Barney. Firm Resources and Sustained Competitive Advantage [J]. Journal of Management, 1991, 17: 99-120.

[128] Johanson J, Vahlne J E. The Uppsala internationalization process model revisited: From liability of foreignness to liability of outsidership [J]. Journal of international business studies, 2009, 40 (9): 1411-1431.

[129] John A. Mathews, Dong-Sung Cho. Combinative Capabilities and Organizational Learning in Latecomer Firms: The Case of the Korean Semiconductor Industry [J]. Journal of World Business, 1999, 34 (2): 139-156.

[130] Kogut B, Chang S J. Technological capabilities and Japanese foreign direct investment in the United States [J]. The Review of Economics and Statistics, 1991, 73 (3): 401-413.

[131] JuiChuan Chang. International Expansion Path, Speed, Product Diversification and Performance Among Emerging-Market MNEs: Evidence from Asia-Pacific Multinational Companies [J]. Asian Business & Management, 2007, 6 (4): 331-353.

[132] Khanna T, Palepu K. The future of business groups in emerging markets: Long-run evidence from Chile [J]. Academy of Management journal, 2000, 43 (3): 268-285.

[133] Knight J, Bell J, McNaughton R. Born globals: old wine in new bottles? [J]. ANZMAC: Bridging Marketing Theory and Practice, 2001: North.

[134] Kolstad I, Wiig A. What determines Chinese outward FDI? [J]. Journal of World Business, 2012, 47 (1): 26-34.

[135] Laamanen T, Wallin J. Cognitive dynamics of capability development paths [J]. Journal of Management Studies, 2009, 46 (6): 950-981.

[136] Lages L F, Montgomery D B. Export performance as an antecedent of export commitment and marketing strategy adaptation: Evidence from small and medium-sized exporters [J]. European Journal of Marketing, 2004, 38 (9/10): 1186-1214.

[137] Lall S. The rise of multinationals from the third world [J]. Third World Quarterly, 1983, 5 (3): 618-626.

[138] Lecraw. D. Direct Investment By Firms From Less Developed Countries [J]. Oxford Economic Papers, New Series, 1977, 29: 442-457.

[139] Lessard D R, Lucea R. Mexican Multinationals: Insights from CEMEX [J]. 2008, 10 (24): 1-26.

[140] Lin Cui, Fuming Jiang. FDI entry mode choice of Chinese firms: A strategic behavior perspective [J]. Journal of World Business, 2009, 44: 434-444.

[141] London T, Hart S L. Reinventing strategies for emerging markets: beyond the transnational model [J]. Journal of international business studies, 2004, 35 (5): 350-370.

[142] Lu J W, Beamish P W. The internationalization and performance of SMEs [J]. Strategic management journal, 2001, 22 (6-7): 565-586.

[143] Lu J, Liu X, Wang H. Motives for outward FDI of Chinese private firms: Firm resources, industry dynamics, and government policies [J]. Management and Organization Review, 2011, 7 (2): 223-248.

[144] Luo Y, Xue Q, Han B. How emerging market governments promote outward FDI: Experience from China [J]. Journal of World Business, 2010, 45 (1): 68-79.

[145] Mauro F Guillen. Experience, imitation, and the sequence of foreign entry: wholly owned and joint-venture manufacturing by South Korean firms and business groups in China, 1987-1995 [J]. Journal of International Business Studies, 2003, 34: 185-198.

[146] Majocchi A, Bacchiocchi E, Mayrhofer U. Firm size, business experience and export intensity in SMEs: A longitudinal approach to complex relationships [J]. International Business Review, 2005, 14 (6): 719-738.

[147] Makino S, Lau C M, Yeh R S. Asset-exploitation versus asset-seeking: Implications for location choice of foreign direct investment from newly industrialized economies [J]. Journal of International Business Studies, 2002, 33 (1): 403-421.

[148] Malhotra N, Hinings C R B. An organizational model for understanding internationalization processes [J]. Journal of International Business Studies, 2010, 41 (2): 330-349.

[149] Mathews J A. Dragon multinationals: New players in 21st century globalization [J]. Asia Pacific journal of management, 2006, 23 (1): 5-27.

[150] McDougall P P, Oviatt B M, Shrader R C. A comparison of international and domestic new ventures [J]. Journal of international entrepreneurship, 2003, 1 (1): 59-82.

[151] Min Zhou. Intensification of Geo-cultural Homophily in Global Trade: Ev-

idence from the Gravity Model [J]. Social Science Research, 2011, 40, 193-209.

[152] Morck R, Yeung B. Why investors value multinationality [J]. Journal of Business, 1991, 64 (2): 165-187.

[153] Nakos G, Brouthers K D. International alliance commitment and performance of small and medium-size enterprises: the mediating role of process control [J]. Journal of International Management, 2008, 14 (2): 124-137.

[154] Nohria and Garcia-Pont. Global strategic linkages and industry structure [J]. Strategic Management Journal, 1991, 12: 105-124.

[155] Nuno Fernandes. Global convergence of financing policies: Evidence for emerging-market firms [J]. Journal of International Business Studies, 2011, 42: 1043-1059.

[156] Pangarkar N. Internationalization and performance of small-and medium-sized enterprises [J]. Journal of World Business, 2008, 43 (4): 475-485.

[157] Pankaj Ghemawat, Thomas Hout. Tomorrow's Global Giants Not the Usual Suspects [J]. Harvard Business Review, 2008, 86 (11): 80-88.

[158] Peng M W. The global strategy of emerging multinationals from China [J]. Global Strategy Journal, 2012, 2 (2): 97-107.

[159] Persinger E S, Civi E, Vostina S W. The born global entrepreneur in emerging economies [J]. International Business & Economics Research Journal (IBER), 2011, 6 (3): 73-82.

[160] Peter Ping Li. Toward a geocentric theory of multinational evolution: the implications from the Asian MNEs as latecomers [J]. Asian Pacific Journal of Management, 2003, 20: 217-242.

[161] Ping Deng. Outward investment by Chinese MNCs: Motivations and implications [J]. Business Horizons, 2004, 47 (3): 93-100.

[162] Potterie B P, Lichtenberg F. Does foreign direct investment transfer

technology across borders? [J]. Review of Economics and statistics, 2001, 83 (3): 490-497.

[163] Pradhan J P. Emerging multinationals: A comparison of Chinese and Indian outward foreign direct investment [J]. Institutions and Economies, 2011, 3 (1): 113-148.

[164] Ramamurti R. What is really different about emerging market multinationals? [J]. Global Strategy Journal, 2012, 2 (1): 41-47.

[165] Rasheed H S. Foreign Entry Mode and Performance: The Moderating Effects of Environment [J]. Journal of Small Business Management, 2005, 43 (1): 41-54.

[166] Rebecca Henderson, Iain Cockburn. Measuring Competence? Exploring Firm Effects in Pharmaceutical Research [J]. Strategic Management Journal, 1994 (15): 63-84.

[167] Richard Larsson, Case survey methodology: quant it ative analysis of patterns across case studies [J]. Academy of Management Review, 1993, 38 (6): 1515-1546.

[168] Robert J. Rolfe, David A. Ricks, Martha M. Pointer, Mark McCarthy. Determinants of FDI Investive Prefeerences of MNES [J]. Journal of International Business Studies, 1993, 24: 335-355.

[169] Sanjeev Agarwal, Sridhar N. Ramaswami. Choice of foreign market enter mode: impact of ownership, location and internalization factors [J]. Journal of International Business Studies, 1992, 23: 1-27.

[170] Senik Z C, Isa R M, Scott-Ladd B, et al. Influential factors for SME internationalization: Evidence from Malaysia [J]. International Journal of Economics and Management, 2010, 4 (2): 285-304.

[171] Singh D A. Export performance of emerging market firms [J]. Interna-

tional Business Review, 2009, 18 (4): 321-330.

[172] Smallbone D, Welter F. The distinctiveness of entrepreneurship in transition economies [J]. Small business economics, 2001, 16 (4): 249-262.

[173] Sousa C M P. Export performance measurement: an evaluation of the empirical research in the literature [J]. Academy of Marketing Science Review, 2004, 9 (12): 1-23.

[174] Sten Sö dermana, Anders Jakobsson, Luis Soler. A Quest for Repositioning: The Emerging Internationalization of Chinese Companies [J]. Asian Business & Management, 2008, 7: 115-142

[175] Sullivan D. Measuring the degree of internationalization of a firm [J]. Journal of International Business Studies, 1994, 25 (2): 325-42.

[176] Sun S L. Internationalization strategy of MNEs from emerging economies: The case of Huawei [J]. Multinational Business Review, 2009, 17 (2): 129-156.

[177] Terziovski M. Innovation practice and its performance implications in small and medium enterprises (SMEs) in the manufacturing sector: a resource-based view [J]. Strategic Management Journal, 2010, 31 (8): 892-902.

[178] Vaatanen J, Podmetina D, Pillania R K. Internationalization and company performance: a study of emerging Russian multinationals [J]. Multinational Business Review, 2009, 17 (2): 157-178.

[179] Venkatraman N, Ramanujam V. Measurement of business performance in strategy research: a comparison of approaches [J]. Academy of management review, 1986, 11 (4): 801-814.

[180] Weerawardena J, Mort G S, Liesch P W, et al. Conceptualizing accelerated internationalization in the born global firm: a dynamic capabilities perspective [J]. Journal of World Business, 2007, 42 (3): 294-306.

[181] Wells, L. T. Multinationals and developing countries [J]. Journal of International Business Studies, 1998, 29: 101-114.

[182] Wickramasekera R, Bamberry G. Exploration of born globals/international new ventures: Some evidence from the Australian wine industry [J]. Australasian Journal of Regional Studies, The, 2003, 9 (2): 207.

[183] Wright M, Filatotchev I, Hoskisson R E, et al. Strategy Research in Emerging Economies: Challenging the Conventional Wisdom [J]. Journal of management studies, 2005, 42 (1): 1-33.

[184] Xin K K, Pearce J L. Guanxi: Connections as substitutes for formal institutional support [J]. Academy of management journal, 1996, 39 (6): 1641-1658.

[185] Yamakawa Y, Peng M W, Deeds D L. What drives new ventures to internationalize from emerging to developed economies? [J]. Entrepreneurship Theory and Practice, 2008, 32 (1): 59-82.

[186] Yiu D W, Lau C M, Bruton G D. International venturing by emerging economy firms: the effects of firm capabilities, home country networks, and corporate entrepreneurship [J]. Journal of International Business Studies, 2007, 38 (4): 519-540.

[187] Zahra S A, Ireland R D, Hitt M A. International expansion by new venture firms: International diversity, mode of market entry, technological learning, and performance [J]. Academy of Management journal, 2000, 43 (5): 925-950.

[188] Zhou L, Wu W, Luo X. Internationalization and the performance of born-global SMEs: the mediating role of social networks [J]. Journal of International Business Studies, 2007, 38 (4): 673-690.

[189] Zizah Che Senik. Networking and internationalization of SMEs in emerging economies [J]. Journal of International Entrepreneurship, 2011 (9): 259-281.

附录　　　　　　中国企业国际化调查问卷

Ⅰ 企业基本概况

Ⅰ-1 贵企业名称：_____。

Ⅰ-2 请在下述分类中选择贵企业所属的类型_____。

A 内资企业

　　A1 国有企业

　　A2 集体企业

　　A3 股份合作企业

　　A4 联营企业

　　　　A41 国有联营企业

　　　　A42 集体联营企业

　　　　A43 国有与集体联营企业

　　　　A44 其他联营企业

　　A5 有限责任公司

　　　　A51 国有独资公司

　　　　A52 其他有限责任公司

　　A6 股份有限公司

　　A7 私营企业

　　　　A71 私营独资企业

　　　　A72 私营合伙企业

　　　　A73 私营有限责任公司

　　　　A74 私营股份有限公司

　　A8 其他企业

B 港、澳、台商投资企业

　　B1 合资经营企业（港或澳、台资）

B2 合作经营企业（港或澳、台资）

B3 港、澳、台商独资经营企业

B4 港、澳、台商投资股份有限公司

B5 其他港、澳、台商投资企业

C 外商投资企业

C1 中外合资经营企业

C2 中外合作经营企业

C3 外资企业

C4 外商投资股份有限公司

C5 其他外商投资企业

Ⅰ-3 请在下述行业分类中选择贵企业所属的行业_____。

A. 农、林、牧、渔业　　　　B. 采矿业

C. 制造业　　　　　　　　　D. 电力、热力、燃气及水生产和供应业

E. 建筑业　　　　　　　　　F. 批发和零售业

G. 交通运输、仓储和邮政业　H. 住宿和餐饮业

I. 信息传输、软件和信息技术服务业　J. 金融业

K. 房地产业　　　　　　　　L. 租赁和商务服务业

M. 科学研究和技术服务业　　N. 水利、环境和公共设施管理业

O. 居民服务、修理和其他服务业　P. 教育

Q. 卫生和社会工作　　　　　R. 文化、体育和娱乐业

S. 公共管理、社会保障和社会组织　T. 国际组织

Ⅰ-4 贵企业的主要产品或服务是_____。

Ⅰ-5 如果不涉及商业机密，请提供贵企业近三年的财务数据。请问贵企业的总资产是_____，_____，_____，企业总销售额_____，_____，_____，其中海外销售额占企业总销售额的比例为_____，_____，_____。

Ⅰ-6 请问贵企业目前的员工人数为_____。

Ⅰ-7 请您对贵企业的经营绩效进行评价（很差—很好：1 2 3 4 5 6 7，打√）_____。

Ⅰ-8 请您对企业国际化经验对国际化经营的影响程度进行评价（几乎没有—程度很高：1 2 3 4 5 6 7，打√）_____。

Ⅰ-9 请问贵企业是从什么时候开始进行海外经营的？_____。

Ⅰ-10 请详细列举贵企业近三年在海外经营涉及的国家/地区情况_____
_____。

Ⅱ 国际化动因与路径

Ⅱ-1 请您为贵企业海外经营动因进行评价和打分：

请您从以下方面评价海外经营的动因（1=几乎没有，7=程度很高，请在对应栏目打√）							
① 拓展东道国市场	1	2	3	4	5	6	7
② 为海外市场设计新产品	1	2	3	4	5	6	7
③ 改进产品开发	1	2	3	4	5	6	7
④ 改进产品的制造流程	1	2	3	4	5	6	7
⑤ 识别和获取新兴技术	1	2	3	4	5	6	7
⑥ 获取品牌和渠道资源	1	2	3	4	5	6	7
⑦ 获取重要的自然资源	1	2	3	4	5	6	7
⑧ 获取和引进创新性的人力资源	1	2	3	4	5	6	7

Ⅱ-2 在海外经营的起步阶段，贵企业的主要动机是（ ）

A. 拓展东道国市场

B. 获取资源（品牌和渠道资源、自然资源、创新性的人力资源）

C. 寻求技术（设计新产品、改进产品开发、改进产品制造流程、识别和获取新技术）

D. 其他_____。

Ⅱ-3 在海外经营的成熟阶段，贵企业的主要动机是（ ）

A. 拓展东道国市场

B. 获取资源（品牌和渠道资源、自然资源、创新性的人力资源）

C. 寻求技术（设计新产品、改进产品开发、改进产品制造流程、识别和获取新技术）

D. 其他_____。

Ⅱ-4 以下哪些动因，加速了贵企业的国际化经营（　　）

A. 拓展东道国市场

B. 获取资源（品牌和渠道资源、自然资源、创新性的人力资源）

C. 寻求技术（设计新产品、改进产品开发、改进产品制造流程、识别和获取新技术）

D. 其他_____。

Ⅲ 国际化绩效

请您从以下方面评价海外经营的绩效（1=几乎没有，7=程度很高，请在对应栏目打√）							
① 与同行相比，贵企业的海外投资回报率比较高	1	2	3	4	5	6	7
② 与同行相比，贵企业的销售利润率比较高	1	2	3	4	5	6	7
③ 与同行相比，贵企业的净资产收益率比较高	1	2	3	4	5	6	7

Ⅳ 问卷填写者个人信息

Ⅳ-1 请问您在企业的职位是_____。

A. 高层管理者　　　　　　B. 中层管理者

C. 基层管理者　　　　　　D. 普通员工

Ⅳ-2 请问您与企业海外业务的关系是_____。

A. 母公司海外业务管理人员　　B. 子公司经营管理人员

C. 海外地区总部管理人员　　　D. 母公司相关部门管理人员

E. 其他